W0011662

Dieses Buch gehört:

Hölkers kleine Küchenbibliothek

Schweizer Küchenschätze

gesammelt und ausprobiert
von Inge Weibel-Gemsch

verlegt von

Wolfgang Hölker

ISBN: 3-88117-367-6
VVA-Nr.: 280/00367-0

© 1984 Verlag Wolfgang Hölker GmbH,
D-4400 Münster
Alle Rechte vorbehalten, auch auszugsweise
Auslieferung Schweiz: Impressum Verlag AG,
Schöneggstrasse 35, CH-8953 Dietikon-Zürich
Graphische Gestaltung: Rainer Eichler
Printed in Germany by Druckhaus Cramer, Greven
Buchbinderische Verarbeitung: Klemme & Bleimund,
Bielefeld
Musterschutz angemeldet beim Amtsgericht Münster

Inhalt

Suppen 8 – 17

Eintopfgerichte 18 – 29

Fischgerichte 30 – 39

Käsegerichte 40 – 57

Fleischgerichte 58 – 67

Beilagen und Gemüse 68 – 79

Fleischpasteten und pikante Kleinigkeiten 80 – 91

Süsse Kuchen und Gebäck 92 – 105

Desserts 106 – 113

Getränke und Eingemachtes 114 – 123

Die Schweiz kulinarisch zu beschreiben ist etwa so, wie wenn man den Turmbau zu Babel erklären müsste. In vier Sprachgebiete eingeteilt, unterscheiden sich die Menschen in ihrer Art und ihren Essgewohn-

Vorwort

heiten. Jeder Kanton hat seine Sitten und Gebräuche, jeder der landschaftlichen Umgebung entsprechende Spezialgerichte.

Im kleinen Binnenland sind Süsswasserfische eine begehrte Delikatesse. Die vielfältigen Käsesorten werden kalt und warm in der Küche verarbeitet. Früchte und Gemüse werden vor allem im Mittelland, Wallis und Tessin angebaut. Der Zubereitung des Fleisches von heimischen Nutztieren und Wild wird in der Schweiz besondere Sorgfalt und Können beigemessen. Verschiedenste Fleischwaren, Innereien, Geflügel und Wildspezialitäten bereichern regional und je nach Saison den Speisezettel. Kirchliche wie auch familiäre Feier- und Festtage haben der Fantasie der schweizerischen Köchinnen und Köche in der Herstellung von Desserts und Gebäck keine Grenzen gesetzt.
Der Tourismus, ebenso verschiedene Regional-Kochbücher tragen viel dazu bei, dass zum Teil streng gehütete Familienrezepte heute auch weiterhum im Ausland bekannt werden.
Die für dieses Schatzkästlein im folgenden gesammelten Rezepte vermögen wohl aus der reichen Fülle des Angebotes nur ausgewählte Gerichte zu berücksichtigen. Wir laden Sie herzlich zu einer kleinen, gastronomischen Schweizer Reise ein und wünschen Ihnen:

En Guete, bon apetit, buon apetito, ing buin apetit!

Suppen

Suppen waren und sind in der Schweiz ein wichtiger Teil jeder Mahlzeit. Im gutbürgerlichen Haushalt werden sie vor jeder Mahlzeit angeboten. Anders aber in den Berg-Kantonen, in denen die zur Verfügung stehenden Zutaten als Hauptgericht fast wie ein Eintopf zubereitet werden.

Bündner Gerstensuppe

Nach einem zünftigen Wintersporttag in Sonne, Schnee und Kälte im Bündner Land gibt es den nötigen Appetit auf eine währschafte Suppe. Ursprünglich schmorte sie in einem Kupferkessi am offenen Kaminfeuer vor sich hin, und jedermann konnte sich nach Lust und Laune den ganzen Tag über, solange Vorrat, bedienen. Chacheli (Suppentassen) standen immer bereit.
Die Gerstensuppe bildet eine ganze Mahlzeit, besonders wenn dazu ein grosses Stück Bauernbrot gereicht wird.

100 g Rollgerste (Raupen), 200 g Speckwürfeli, Speckschwarten oder eventuell 1 Schinkenknochen, 2 Rüebli, 1 Stück Sellerie, 1 Lauchstengel, 2 l Wasser, etwas Fett, Salz und Muskat

Das Gemüse in kleine Würfel, den Lauch in feine Streifen schneiden und mit den Speckwürfeli in etwas Fett andämpfen. Mit dem heissen Wasser ablöschen, die Gerste einrühren und aufkochen lassen. Speckschwarten oder den Schinkenknochen zufügen und gemütlich unter gelegentlichem Umrühren köcherln lassen (ca. 2 Stunden). 10 Minuten vor dem Auftragen probieren und, wenn nötig, mit Salz und Muskat abschmecken.

Busecca (Tessin)

Diese Suppe, die mit viel Liebe im Tessin langsam auf dem Herd gegart wird, ist eine Erweiterung der italienischen Minestrone. Wie die Sonnenstube der Schweiz auf die Idee kam, Kutteln in einer Suppe mitzukochen, ist nicht bekannt. Auf jeden Fall schmeckt sie herrlich und ist unter dem Namen „Trippa in Minestra" in vielen Familien, Gaststätten und Grottos eine vollkommene Mahlzeit.

Verschiedene Gemüse wie Karotten, Sellerie, Lauch, Wirz, Erbsen, Kohl, Bohnen, eingeweichte Trockenbohnen, Zwiebeln, Kartoffeln, Tomaten etc. (je nach Saison) klein schneiden und mit 400 g in Streifen geschnittenen Kutteln in etwas Fett andünsten. Mit Fleischbrühe je nach gewünschter Dicke der Suppe auffüllen. Mit Kümmel, wenig Thymian, Rosmarin, Basilikum und Salz würzen und auf kleinem Feuer etwa 2 Stunden leise kochen lassen. In Suppentassen anrichten, dazu geriebenen Parmesankäse reichen.

Über alte Fasnachtsbräuche wird in diesem Buch
noch mehr berichtet. Beginnen wir mit der in der
Schweiz wohl bekanntesten Fasnachtsspeise,
der Basler Mehlsuppe.
Am Montag nach dem Aschermittwoch, frühmorgens
um 4 Uhr, nimmt die weit bekannte Basler Fasnacht
mit dem „Morgestraich" ihren Anfang. In völliger
Dunkelheit, alle Lichter der Stadt sind gelöscht,
marschieren Cliquen (Fasnachtsgesellschaften), nach
bestimmten Motiven kostümiert, pfeifend und trom-
melnd durch die Gassen zum Marktplatz. Ganz Basel,

Heimwehbasler und interessierte Zuschauer aus nah und fern verfallen der einzigartigen Atmosphäre.
Bei Tagesgrauen wärmt man sich in den Gaststätten mit einer heissen Mehlsuppe auf, geht anschliessend nach Hause oder zu seiner gewohnten Arbeit und freut sich bereits auf den grossen Fasnachtsumzug am Nachmittag.

Basler Mehlsuppe

Aufgeführt wird der Mehlsuppenschmaus zum ersten Mal in einer Chronik aus dem Jahre 1861 und hat bis heute seine Tradition bewahrt.

100 g Mehl, 60 g Butter, 1 1/2 l Fleischbrühe, geriebener Käse

Das Mehl in der zerlassenen Butter unter ständigem Rühren kastanienbraun rösten. Die Pfanne vom Herd ziehen, die heisse Fleischbrühe unter ständigem Schlagen mit dem Schwingbesen einrühren.
Aufkochen und auf kleinem Feuer 1 Stunde leicht kochen lassen. Gelegentlich umrühren. Eventuell nachwürzen und reichlich Reibkäse dazu servieren.

Fischsuppe (Genf)

Ein besonders delikates Süppchen, das aus der West-schweiz kommt. Vorbedingung ist aber ein fertiger Fischsud.

1 grosse Lauchstange, 1 kleine Fenchelknolle,
20 g Butter, 1 l Fischsud (Rezept Omble chevalier,
siehe Seite 33), 1 Eigelb, 1 dl Rahm, Muskat

Den Lauch und die Fenchelknolle in dünne Streifen
schneiden und in der Butter gut durchdünsten.
Mit Fischsud ablöschen und so lange kochen lassen,
bis die Gemüse sehr weich sind. Eigelb, Rahm und
Muskat zusammen aufschlagen. Die Suppe mit der
Ei-Rahmmasse legieren und sofort in heissen Tassen
servieren.

Am Samstag wird in vielen Haushaltungen noch der
altherkömmliche „**Südfleischtopf**", im Welschland **Pot
au feu** genannt, gekocht. Ein grosses Stück Rindfleisch,
mit Knochen und Suppengemüse gegart, wird frisch
zerteilt gegessen, die delikate Fleischbrühe für den
Sonntag aufgehoben. Eine richtige Fleischsuppe muss
Fettaugen haben, lautet die Devise der guten Hausfrau.

Darum sind die Einlagen der Sonntagssuppe eher
bescheiden. „Flädli", in Streifen geschnittene Ome-
letten, Markscheiben, geröstete Brotwürfeli oder nur
gehackte Peterli und Schnittlauch sind üblich.

Verfeinert wurde die

St. Galler Sammetsuppe

30 g Butter, 1 Esslöffel, Mehl, 2 Eier, 1/4 Tasse Milch,
1 l Fleischbrühe, Muskat

Die Butter schaumig rühren, mit Eiern, Mehl, Milch und Muskat zu einem geschmeidigen Teiglein anrühren, das langsam in die siedende Fleischbrühe gegossen wird. Kurz aufkochen lassen und mit feingehacktem Suppengrün anrichten.

Eigene Rezep

e & Notizen

Eintopfgerichte

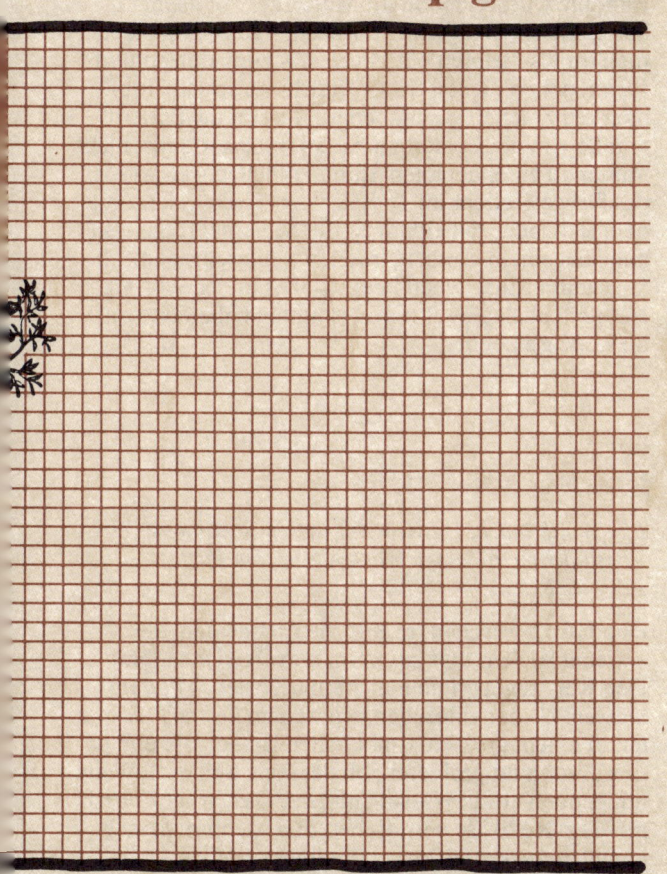

Eintöpfe wurden schon im Mittelalter vor allem auf den Bauernhöfen gekocht. Frühmorgens entzündete man im Kachelofen ein Feuer, das zum Heizen und zum Kochen diente. Ins Ofentürli wurde „ein Topf" oder ein Kuchen geschoben, und wenn die Bauernfamilie von der Feldarbeit nach Hause kam, was nicht immer zu einer genauen Stunde möglich war, wurde das fertige Gericht im Topf auf den Tisch gesetzt, aus dem sich jeder mit einem Löffel bediente. Dazu trank man aus einem grossen, irdenen Krug selbstgemachten sauren Most. Noch heute gibt es in der Schweiz Heimetli, die keine Stromversorgung haben und auf diese Weise kochen.

Lauch und Reis (Uri)

1 kg Winterlauch, 1 Zwiebel, 2 Tassen Risottoreis,
1 Esslöffel Öl, 6 Tassen Wasser, Salz und Pfeffer,
100 g Reibkäse

Den Lauch waschen, in Rädchen schneiden, die Zwiebel hacken und zusammen in Öl leicht anbraten. Den Reis zugeben und leicht mitdünsten. Mit dem heissen Wasser ablöschen, würzen und etwa 30 Minuten in einem grossen Topf kochen lassen. Hie und da umrühren und probieren, ob der Reis weich ist. Wenn nötig, noch etwas Wasser zufügen. Das fertige Gericht mit dem Reibkäse vermischen und, wenn man mag, noch frische Butterflocken darüber verteilen.

Lauch (Porree) ist ein Gemüse, das auch in Berg-
gegenden gedeiht und sogar den Winterfrost über-
steht. Er gehört in der Schweizer Küche, genauso wie
Zwiebeln und Kartoffeln, zum Vorrat. Winterlauch
eignet sich besonders für Suppen und den Urner Reis-
topf, der zarte Gemüselauch zu Waadtländer Papet.

Papet (Waadtland)

Papet heisst soviel wie Mus, also ist dieses Gericht
ziemlich flüssig zu halten.

*1 kg Gemüselauch, 600 g Kartoffeln, 2 Esslöffel Butter,
2 Esslöffel Mehl, 1 dl Weisswein, 3 Esslöffel Rahm, Salz,
Pfeffer und Muskat*

Von den Lauchstangen die zarte untere Hälfte
waschen und in daumenlange Stücke schneiden.
(Die härteren Blätter für Suppen verwenden!)
Kartoffeln schälen und in grössere Würfel schneiden.
Den Lauch mit Weisswein und wenig Wasser weich
dämpfen. Abgiessen und die Kochflüssigkeit aufbewahren. Separat Kartoffelwürfel garen. Die Butter
zergehen lassen, mit dem Mehl verrühren und mit
dem Lauchsud zu einer sämigen Sauce binden. Wenn
nötig, noch etwas Wasser zugiessen. Mit Salz, Pfeffer
und Muskat würzen, den Lauch und die Kartoffeln
zugeben und mit dem Rahm verfeinern.
Dazu wird im Waadtland Saucisson (Wurst) serviert.

Überlieferte Rezepte für Würste aller Art werden in
der Welsch-Schweiz streng gehütet. Da gibt es die
Waadtländer, die Neuenburger und die Walliser
Saucisson, die Saucisse au choux (Kohlwurst), die
Saucisse au foie (Leberwurst), und man findet, wenn
man Glück hat, auch einen grossen, dicken Boudefa.
Am besten schmecken diese Würste nur in Weisswein
langsam gegart, der Sud wird für eine Papet oder für
Sauerkraut weiterverwendet. Ein delikater Luxus!

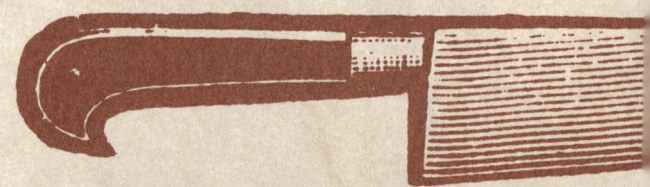

Das Dörren von Gemüsen und Früchten stammt aus der alten Zeit, als es noch keine Konservendosen und Tiefkühlgeräte gab. Sorgfältig ausgebreitet auf dem grossen Dachboden oder auf langen Fäden aufgereiht, wurden dann Bohnen, Pilze, Apfel- oder Birnenstückli als Wintervorrat getrocknet. Weil die daraus entstandenen Gerichte so gut schmeckten, werden heute noch, allerdings mehrheitlich in modernen Dörrmaschinen, diese Zutaten getrocknet.

Die drei folgenden Gerichte werden immer wieder gerne nachgekocht.

Dörrbohnen mit Knöpfli (Thurgau)

150 g Dörrbohnen, 2 Esslöffel Schweineschmalz, 1 Zwiebel
Zum Übergiessen: 50 g Butter, 1 feingehackte Zwiebel

Die Bohnen über Nacht in kaltes Wasser einlegen. Die Zwiebel hacken, im Fett leicht dämpfen, mit einer Tasse Einweichwasser ablöschen und die abgetropften Bohnen beigeben. Gut zugedeckt auf kleinem Feuer etwa 1 Stunde weich kochen.
In der Zwischenzeit die Knöpfli (Spätzli) zubereiten.

300 g Weissmehl, 2 1/2 dl Wasser und Milch gemischt,
2–3 Eier (je nach Grösse), 1 Esslöffel Öl, 1 Esslöffel Salz

Eier, Öl, Salz und Milchwasser in einem Schüsselchen
verklopfen. Das Mehl in eine Schüssel sieben und die
Flüssigkeit einrühren. Den Teig so lange mit einer
Kelle schlagen, bis er keine Blasen mehr wirft. Durch
ein Knöpflisieb den Teig portionsweise in viel kochendes Salzwasser drücken und warten, bis die Knöpfli an
die Oberfläche steigen.

Nun werden in eine tiefe Schüssel lagenweise Spätzli
und Dörrbohnen eingeschichtet, zuerst und zuletzt
sollte eine Lage Knöpfli sein. Mit den in Butter gerösteten Zwiebeln übergiessen.

Schnitz und drunder (Aargau)

Die Aargauer hatten eine eigenwillige Art, Früchte zu
Fleisch und Gemüse zu Desserts (Rezept Aargauer
Rüeblitorte, siehe Seite 94) zu verwenden. Das alte
Eintopf-Gericht scheint auf Anhieb eigenartig, mit
etwas Mut nachgekocht und probiert, ist man über-
rascht, wie gut diese Kombination schmeckt.

300 g gedörrte Öpfelstückli, 500 g Rauchspeck oder
geräuchtes Schweinefleisch am Stück, 500 g Kartoffeln,
1 Esslöffel Butter, 1 Esslöffel Zucker, Salz

Die Öpfelstückli in kaltem Wasser einweichen. Den
Zucker in der Butter karamelisieren und die abgetropften Stückli kurz darin wenden. Speck oder Schweine-

fleisch dazulegen und mit soviel Wasser aufgiessen, dass das Fleisch knapp bedeckt ist. Zugedeckt etwa 1 Stunde kochen lassen. Die geschälten, rohen Kartoffeln in Viertel schneiden, beigeben und so lange weiterkochen lassen, bis die Kartoffeln gar sind. Abschmecken. Wenn nötig, noch Wasser zufügen. Den Speck oder das Schweinefleisch aus der Pfanne nehmen, in Scheiben schneiden und damit den Eintopf garnieren.

Risotto con funghi (Tessin)

20 g getrocknete Steinpilze, 3 Esslöffel Öl, 1 feingehackte Zwiebel, 1 1/2 Tassen Risotto-Reis, 1 Tasse Tessiner Rotwein, 3 Tassen Fleischbrühe, 50 g Butter, 50 g Parmesankäse

Die getrockneten Steinpilze etwa 3 Stunden in 1 Tasse
Wasser einweichen. Die gehackte Zwiebel in Öl kurz
weich dünsten, den Reis, die abgetropften Steinpilze
zufügen (Pilzflüssigkeit aufbewahren) und etwa
1 Minute zusammen weiter andämpfen. Mit Wein
ablöschen, kurz einkochen lassen.
Das abgeseihte Pilzwasser und die Fleischbrühe zugeben und auf kleiner Flamme ca. 30 Minuten garen
lassen, bis der Reis al dente, das heisst noch bissfest
und leicht flüssig ist. Mit Käse und Butterflocken vermischen.
Dieser Risotto wird heute im Tessin vielfach mit
Safran gewürzt und erhält deshalb seine gelbliche
Farbe. Das entspricht aber nicht dem überlieferten
Originalrezept.

Wer die alten Rezepte der Innerschweiz genau prüft,
wird bemerken, dass nur mit Salz gewürzt wurde.
Obwohl die Gründerkantone der Eidgenossenschaft,
Uri, Schwyz und Unterwalden, an der ersten Nord-
Südverbindung, der Gotthardstrasse, liegen, dort wo
die Gewürze mit den Karawanen in die Schweiz
gebracht wurden, waren sie für die einfachen Berg-
kantone zu teuer. Pfeffer, Safran und Muskat wurden
mit Gold aufgewogen, sodass sich nur die reichen
Städter diesen Luxus leisten konnten. Frische Kräuter
pflanzten die Klöster in ihren Gärten und zum Teil
auch auf dem Friedhof an. Erst am Anfang des
20. Jahrhunderts finden wir Gewürze in der einfachen
Küche.

Urner Häfelikabis

*1 Kabiskopf, 800 g Schaffleisch (eventuell Schweine-
fleisch), 1 Zwiebel, 2 Esslöffel Schweinefett, Salz und
Wasser*

Die Kabisblätter vom Strunk lösen und in breite
Streifen schneiden. Das in kleine Würfel geschnittene
Fleisch mit Fett anbraten. Die gehackte Zwiebel und
den Kabis so lange mitbraten, bis er zusammenfällt.
Mit Salz bestreuen und soviel Wasser aufgiessen, dass
das Gericht bedeckt ist. Zugedeckt auf kleinem Feuer
etwa 90 Minuten garen. Eventuell mit Pfeffer und
nach Belieben mit Kümmel würzen.
Um das Gericht währschafter zu machen, werden
gekochte Kartoffelwürfel beigemischt oder separat
dazu gereicht.

Nidwaldner Stunggis

*600 g Schweinefleisch, 600 g Kartoffeln, 500 g Gemüse
nach Saison: Kabis, Rüebli, Lauch, Zwiebeln, Bohnen*

Das Fleisch und die geschälten Kartoffeln in 2 cm
grosse Würfel schneiden, die Gemüse putzen und zer-
kleinern. Schichtweise in einen Topf füllen, mit Salz
würzen und mit Wasser bedeckt im Ofen so lange
schmoren lassen, bis das Fleisch weich ist.

Ofentori (Schwyz)

Der Ofentori wurde früher im „Ofentürli" gebacken und ist eigentlich eine Spezialität aller Urkantone. Kartoffeln, im Keller gelagert, und eine Speckseite im Chämi gehörten in jedes Haus. Verfeinert wurde die Schwyzer Art.

1 kg Kartoffeln, 80 g Butter, 3 dl Milch, Salz, 2 Eier,
1 dl Rahm, 300 g geräuchter Speck

Die geschälten, kleingeschnittenen Kartoffeln in Salzwasser weich kochen, abgiessen, etwas verdampfen lassen und durch ein Sieb wie für Kartoffelstock streichen. Mit Butter und Milch zu einem dicken Püree verarbeiten. Die Eier und den Rahm dazurühren. In eine gefettete Form füllen. Den Speck in kleine Stengelchen schneiden und schön verteilt in die gesamte Oberfläche stecken. Im Backofen bei Mittelhitze etwa 10 Minuten, bei starker Oberhitze nachher so lange überbacken, bis eine goldene Kruste entsteht.

Eigene Rezepte & Notizen

Fischgerichte

In klaren Bergbächen, Flüssen und Seen der Schweiz
lebten früher so viele Fische, dass sie mit etwas
Geschicklichkeit sogar von Hand gefangen werden
konnten. Fische wie Forelle, Omble, Rötel, Felchen,
Hecht und Egli sind mit der Gewässerverschmutzung
fast ausgestorben. Dank dem Engagement der Fische-
rei-Verbände ist es gelungen, durch Einsatz von Jung-
fischen in unseren Gewässern den Fischbestand zu
erhalten. Allerdings wurde „Laich-Schonzeit" eingeführt, sodass viele Fischarten nur zu bestimmten
Saisonzeiten erhältlich sind.

Rötel nach Zuger Art

Der Rötel, eine feine Saiblingsart, darf im Zuger See
nur im Spätherbst und im Winter gefangen werden
und erfreut sich in dieser Zeit grosser Beliebtheit.

4 Rötel, 3 dl guter Weisswein, 2 dl Wasser, Salz
Für die Sauce: 30 g Butter, 30 g Mehl, 1 feingehackte,
kleine Zwiebel, gehackte Kräuter: Rosmarin, Salbei,
Majoran, wenig Thymian und viel Peterli

Weisswein und Wasser salzen, aufkochen und die
ganzen Fische bei ca. 90°C etwa 20 Minuten ziehen
lassen. Inzwischen die Butter schmelzen, Zwiebeln
darin weich dämpfen und mit Mehl anrühren. Mit 3 dl
passiertem Fischsud eine glatte Sauce anrühren.
Kräuter und eventuell noch etwas Salz nachgeben,
kurz einkochen lassen. Die Fische sollten in dieser
aromatischen Sauce noch 5 Minuten ziehen. Mit Salzkartoffeln servieren.

Was den Zugern ihr Rötel, bedeutet den Genfern ihr
Omble. Der Lac Léman wird von den Westschweizern
stolz als Genfer See benannt, obwohl auch Frankreich
auf ihn Anspruch erhebt. Der Omble, auch ein Saib-
ling, wird nur im Kanton Genf als Spezialität
angeboten.

Omble chevalier (Genf)

1 grosser, 2 mittelgrosse oder 4 kleine Ombles
Sud: 11/2 l Wasser, 3 dl Weisswein, 1 mit Lorbeerblatt
und Nelken besteckte Zwiebel, 2 Rüebli, 1 Stück Lauch,
Salz und 10 Pfefferkörner
Sauce Genèvoise: 40 g Butter, 40 g Mehl, 3 dl Fischsud,
2 Esslöffel Zitronensaft, Muskat; außerdem 3 Eigelb,
1 dl Weisswein, 1 dl Rahm

1. Teil: Die genannten Zutaten zu einem Sud verkochen, 1 Stunde zugedeckt ziehen lassen und ab-
seihen. Darin den Fisch gar dünsten.

2. Teil: Die Butter schmelzen, das Mehl dazurühren.
Mit Fischsud ablöschen (den restlichen Fischsud für
Suppe weiterverwenden). Muskat und Zitronensaft
beigeben und unter ständigem Rühren zu einer
sämigen Sauce 10 Minuten leicht kochen lassen.

3. Teil: Die 3 Eigelb, den Weisswein und Rahm im
Wasserbad mit dem Schwingbesen zu einer schau-
migen Masse schlagen. Schaum- und Buttersauce
sorgfältig vermischen, aber nicht mehr kochen lassen.
Auf einer heissen Platte wird der Fisch angerichtet
und mit der Sauce Genèvoise begossen.

Der Felchen- und Eglifang im Bodensee verteilt sich
auf die drei Länder: Schweiz, Deutschland und Öster-
reich. Kein Wunder also, dass in der Zubereitung
dieser Fische jedes Land seine eigenen Rezepte
kreiert hat.

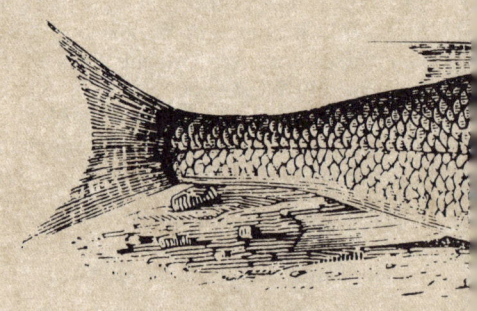

Bodenseefelchen nach Rorschacher Art (St. Gallen)

*Filets von 4 grossen Felchen, 2 Esslöffel Zitronensaft,
Salz, 1 Esslöffel Mehl, 2 Esslöffel Milch, Kochbutter,
100 g ganz fein geschnittene Speckwürfeli, 1 feingehackte
Zwiebel, 3 Tomaten, Peterli, Pfeffer und Majoran*

Die Fischfilets mit Zitronensaft und Salz marinieren, mit Küchenpapier abtupfen, in Milch und Mehl wenden und beidseitig goldgelb braten. Die Speckwürfeli in wenig Butter glasig rösten, die Zwiebel und gehackten Peterli mitdämpfen und die geschälten, kleingeschnittenen Tomaten beifügen. Würzen, leicht einkochen und über die Felchen verteilen.

Ein altes Fyscherrezept

„Man mache ein Feuer, nehme den gefangenen Fisch aus, spiesse ihn durch das Maul bis zum Schwanz auf einen Haselenuss-Stecken und drehe ihn über dem Feuer, bis er gar ist. Kopf, Gräte und Flossen muss man ausspucken."

Poisson du Lac de Neuchâtel
Forelle nach Neuenburger Art

„La truite se présente au bleu le plus souvent", so sagen die Neuenburger. Forelle blau ist eine bekannte Art, diesen feinen Fisch anzurichten. Aber die Neuenburger haben daraus eine Spezialität entwickelt.

Pro Person eine etwa 200 g schwere Forelle, 1 dl Essig, 1 Esslöffel Butter, 3 Schalotten, Salz, Neuenburger Wein, 100–150 g Butter, 1 Teelöffel Zitronensaft

Ganz frische Forellen, ausgenommen und gesäubert, in eine flache Platte legen und mit dem erwärmten Essig übergiessen. Sie erhalten so eine schöne blaue Farbe, man achte aber darauf, sie gleichmässig im Essig zu wenden. Die Fische werden in einer mit Butter ausgestrichenen Gratinplatte angeordnet, nachdem sie mit feingehackten Schalotten bestreut und im offenen Bauch gesalzen wurden. Mit soviel Wein aufgiessen, bis sie bedeckt sind. Im Ofen bei ca. 200°C weich dünsten, bis sich eine Flosse leicht herausziehen lässt. Den Wein abgiessen. Reichlich Butter in einer kleinen Casserolle mit 2 Esslöffeln Wein und Zitronensaft braun werden lassen und separat dazu servieren.

Hecht nach Schaffhauser Art

1 kg Rheinhecht, Salbeiblätter, Salz, Pfeffer, 1 Esslöffel Mehl, etwas Milch, 100 g Kochbutter, 50 g Tafelbutter, 1 Zitrone, viel gehackte Peterli

Den Hecht schuppen, Kopf und Flossen abschneiden.
Rechts und links des Rückengrates Einschnitte
machen und mit den Salbeiblättern spicken. Das
Hechtstück würzen, in Mehl und Milch wenden.
In einem Bräter die Kochbutter erhitzen und den
Fisch im heissen Ofen unter öfterem Begiessen etwa
30 Minuten braten. Fisch aus der Pfanne nehmen und
auf einer heissen Platte anrichten. Die Tafelbutter in
einem kleinen Pfännchen leicht anbräunen, die in
dünne Scheiben geschnittene Zitrone und die Peterli
kurz darin erwärmen und über den Fisch giessen.

Wiler Stockfisch (St. Gallen)

Die Wiler waren und sind begeisterte Fasnächtler. Es
gibt kaum ein Lokal, das während der Fasnachtszeit
nicht unter irgend einem Motto bunt dekoriert ist. Um
aber die Festzeit in diesem katholischen Städtchen
über den Fasnachtsdienstag hinweg zu verlängern,
haben die alten Wiler das traditionelle Stockfisch-
Essen am Aschermittwoch eingeführt. Auch Fasten-
Mahlzeiten können so reichlich sättigend zubereitet
werden!

Pro Person 400 g gewässerter Stockfisch, Milchwasser, Salz und Pfeffer, 2 feingehackte Zwiebeln, pro Portion 50 g Butter

Den gut gewaschenen Stockfisch in gesalzenem Milchwasser ca. 45 Minuten gar kochen. Alle Gräten entfernen und auf einem heissen Teller anrichten. Die in reichlich Butter braun gebratenen Zwiebeln darüber verteilen.

Eglifilets mit Mandeln (Zürich)

600 g Eglifilets, Zitronensaft, Salz, 2 Esslöffel Mehl, 3 Esslöffel Milch, Kochbutter, Salz und Pfeffer, 50 g Tafelbutter, 30 g geschälte Mandeln

Die Fischfilets mit Zitronensaft und Salz marinieren, mit Küchenpapier trocken tupfen und in reichlich schäumender Kochbutter beidseitig leicht anbraten. Mit Salz und Pfeffer würzen, dann auf einer heissen Platte anrichten. Blättrig geschnittene Mandeln in der Tafelbutter anbräunen und über die Filets giessen.

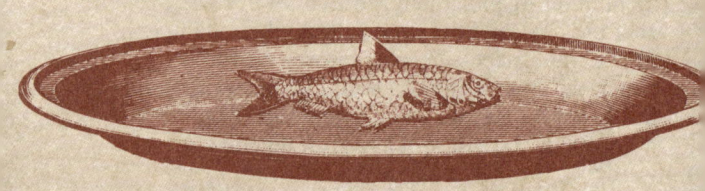

Eigene Rezepte & Notizen

Käsegerichte

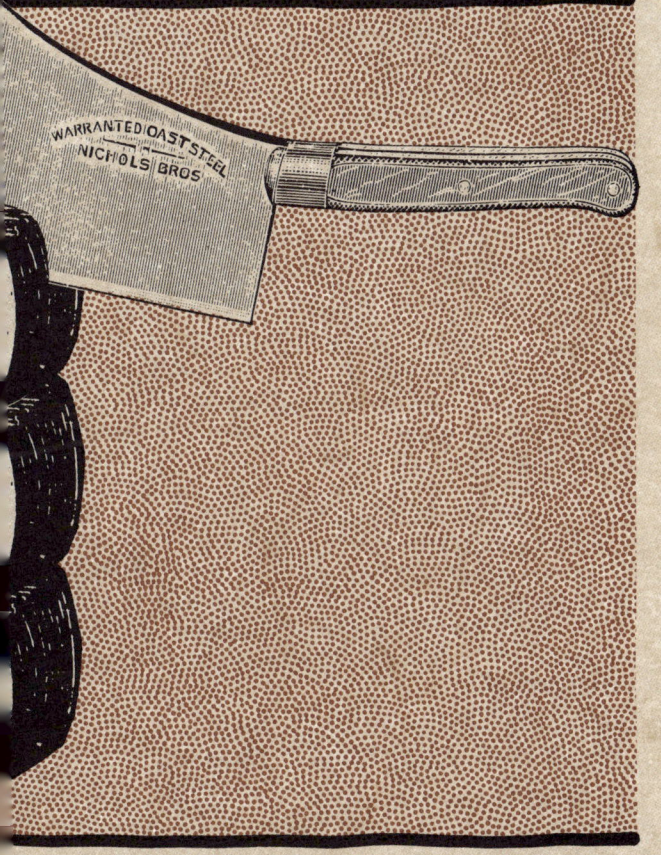

Eine Scheibe Käse, auf ein Stück Brot gelegt und im Ofen gebacken, war schon immer eine beliebte Sennen- und Bauernmahlzeit. Mit dem Einfachen haben sich aber die verschiedenen Käse-Regionen nicht mehr zufrieden gegeben. Je nach Käsesorte mit Früchten, Schinken oder Speck kombiniert, in der Pfanne, in der Friture oder im Ofen gebacken, so sind viele Variationen entstanden. Aus der grossen Auswahl die zwei folgenden Rezepte:

Walliser Käseschnitte

Raclette aus Walliser Käse wurde von den Älplern am Holzfeuer gemacht. Heute ist diese Art, den Käse zu schmelzen und mit Kartoffeln zu verzehren, in der ganzen Schweiz beliebt. Die Schnittfläche von einem halben Laib Käse wird so lange dem Feuer zugedreht, bis der Käse flüssig geworden ist und mit einem Messer auf den Teller abgeschabt (abgestrichen) werden kann. Angereichert mit Salzgurken, Cornichons und Essigzwiebeln sowie geschwellten Kartoffeln, dazu mit Pfeffer aus der Mühle bestreut, ist es heute vor allem im Winter eine beliebte Spezialität. Raclette-Käse lässt sich aber auch zu feinen Käseschnitten verwenden.

4 grosse Brotscheiben, 2 Williamsbirnen, 2 dl Fendant-Weisswein, 400 g Raclette-Käse, Pfeffer und Paprika

Birnen schälen, halbieren, das Kerngehäuse entfernen und in wenig Wasser weich dünsten. Die Brotscheiben in Weisswein tauchen, mit einer Birnenhälfte belegen und in Tranchen geschnittenen Käse grosszügig darüber verteilen. Bei starker Hitze im Ofen so lange backen, bis das Brot knusprig und der Käse geschmolzen ist. Mit Pfeffer und Paprika bestreuen und ganz heiss auftragen.

Emmentaler Käseschnitte

Der Emmentaler Käse aus dem Kanton Bern ist sicher der berühmteste Exportkäse der Schweiz.
Seit dem 15. Jahrhundert ist der Tausch und Handel mit Schweizer Käse bekannt. Im Jahre 1834 säumten die Sennen auf Maultieren, allein aus dem Kanton Bern, 22882 Zentner Käselaibe über die Alpenpässe und tauschten sie ein gegen Gewürze, Wein, Reis und Kastanien. Der Emmentaler wird heute in der gesamten Schweizer Küche verwendet. Beliebt für Käseschnitten und als Reibkäse, weil er „so schöne Fäden zieht"!

4 grosse Schwarzbrotscheiben, 2 dl Milch, 4 Scheiben gekochter Schinken, 400 g Emmentaler Käse, 4 Eier

Die Brotscheiben in Milch wenden, mit Schinken- und Käse-Scheiben belegen, im heissen Ofen überbacken, bis der Käse schmilzt. Auf jede Schnitte 1 Spiegelei geben.

Malakoff (Genf)

An einem kalten Winterabend, gemütlich in der
warmen Stube sitzend, schmeckt diese Spezialität aus
Genf besonders gut, wenn dazu noch ein Glas weisser
Perlan-Wein getrunken wird.

600 g Gruyèrekäse, 2 dl Perlan-Wein, 1 Esslöffel Mehl,
Fett für die Friture
Ausbackteig aus: 150 g Mehl, 1 Ei, 1 dl Wasser

Die Zutaten für den Teig gut zusammen verrühren
und zugedeckt 1 Stunde stehen lassen. Den Käse in
fingergrosse Stücke schneiden und im Wein marinieren. In Mehl wenden, durch den Ausbackteig
ziehen und in der heissen Friture knusprig braun
backen.

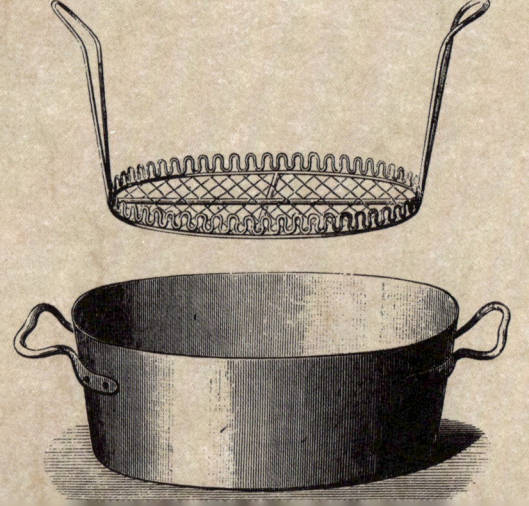

Käsetomaten nach Freiburger Art

Von 8 grossen Tomaten einen Deckel abschneiden, das Fruchtmark auslösen (für Saucen verwenden). 300 g Greyerzer Käse reiben, mit 2 Eiern, Pfeffer und Muskat vermischen und halbhoch in die Tomaten füllen. In einer ausgebutterten Gratinplatte die Tomaten im Ofen bei Mittelhitze backen, bis sie weich sind und die Käsefüllung geschmolzen und aufgegangen ist.

Der zweigeteilte Kanton Appenzell, Inner- und Ausserrhoden, hat doch etwas gemeinsam – den Käse. Rezenten Rässkäse essen die Appenzeller mit gehackten Zwiebeln und Pfeffer bestreut und mit Essig übergossen, aber auch eine bodenständige Mahlzeit wird damit gekocht. Der mildere Vollfettkäse wird zu Brot gereicht und zu verschiedenen Käsegerichten verwendet.

Appenzeller Chäs Maggeronen

200 g grosse Hörnli (Maggeronen), 400 g Kartoffeln (in Würfel geschnitten), 200 g rässer Appenzeller Käse (gerieben), 1 grosse Zwiebel, 50 g Butter

Kartoffeln und Hörnli getrennt in Salzwasser weich kochen. Gut abtropfen lassen und sehr heiss mit dem Käse vermischen. Die Zwiebel in Ringe schneiden, in Butter knusprig rösten und über die Chäsmaggeronen geben.

Das hübsche, mittelalterliche Städtchen Greyerz liegt idyllisch auf einem Hügel im Kanton Freiburg und ist bestimmt einen Besuch wert. Ursprünglich nur in Greyerz hergestellter Käse wurde in der ganzen französischen Schweiz unter dem Namen Gruyère konsumiert.

Greyerzer Nudelgratin (Freiburg)

250 g Nudeln, Salz, 300 g Greyerzer Käse, 2 dl Rahm, Muskat und Salz, Butterflocken.

Die Nudeln in Salzwasser weich kochen und in eine ausgebutterte Auflaufform füllen. 1 Schicht Nudeln, 1 Schicht Käse etc., zuoberst sollte Käse sein. Den Rahm mit Muskat und Salz halb steif schlagen und die Masse damit übergiessen. Mit Butterflocken belegen und im Backofen bei 200°C 30 Minuten gratinieren.

Ramequin (Waadt)

8 Scheiben Toastbrot, Butter für die Form, 1 dl Weisswein, 1 dl Milch, 3 Eier, 1 dl Rahm, 150 g geriebener Gruyèrekäse, Pfeffer und Muskat

Die Brotscheiben toasten, in eine ausgebutterte Gratinplatte schichten und mit Weisswein befeuchten. Milch, Rahm, Eier, Käse und Gewürze mischen und die Masse gleichmässig über das Brot verteilen. Im mittelheissen Ofen etwa 30 Minuten backen.

Der Jura, ein vorwiegend französischsprechender Teil
des Kantons Bern, wurde erst im September 1978 als
eigentlicher Kanton in die Eidgenossenschaft aufge-
nommen. Die Jurassier stellen seit dem 19. Jahrhundert ihren eigenen Käse her und haben ihre
eigenen Spezialitäten gepflegt.

Omelette Jurassienne

*4 grosse, gekochte Kartoffeln, 4 Esslöffel Speckwürfeli,
100 g Jurakäse (gerieben), 4 Eier, 1 Peperoni (in feine
Streifen geschnitten), 1 gehackte Zwiebel, 1 kleingewürfel-
te Tomate, Salz und Pfeffer, 1 Esslöffel Bratfett*

Den Speck langsam in Fett auslassen. Die in kleine Würfel geschnittenen Kartoffeln, die Zwiebel, Peperoni und Tomate ca. 5 Minuten auf kleiner Flamme ständig wenden. Käse, Eier, Salz und Pfeffer kurz verklopfen und über das Gemüse giessen. Stocken lassen, dann das Gericht wie eine französische Omelette auf eine Platte stürzen.

Fondues

Die Entstehung der wohl berühmtesten Schweizer Käsespezialität ist ungewiss. Brot in Milch zu tauchen und gemeinsam zu verzehren, das kannten die Eidgenossen schon im Jahre 1529, nämlich anlässlich der „Kappeler Milchsuppe". Im Reformationskrieg zogen die protestantischen Zürcher gegen die 5 katholischen Orte, schlossen aber einen geschichtlich einmaligen Frieden.

„Uff ein zyt namend vil dappfferer xellen von den 5 orten ein grosse mutten mitt milch und stalltents uff die march in mitten, schrüwend den Zürychern zu,

sy habind da wol ein gute milchprochen, aber nüt darin zu brochen. Da luffend redlich gesellen der Zürychern hinzu mit brot und brochetend yn. Und lag yetweder teyl uff sinem erterych und aassend die milch mitteinandren. Wenn denn einer über die halb mutten uss greyff und aass, schlug inn der ander teyl in Schimpff (im Scherz) uff die händ und sagt: fryss uff dinem erterych. Und deren schimpffen giengend ettlich me für, dass do es dem Stattmeister von Strassburg J. Jacoben Sturmen, der ouch under den Schidlüthen was, fürkamm, sagt er: ,Ir Eydgenossen sind

wunderbar leüth; wenn ir schon uneins sind, so sind ir
eins, und vergässend der allten früntschafft nitt.'"
(Heinrich Bullinger)

Das französische Wort fondue heisst auf deutsch ver-
schmolzen, geschmolzen. Als die Gabel in Mode kam,
war es der berühmte Bischof von Belley, der sich
gegen Ende des 17. Jahrhunderts der kleinen Sünde
schuldig machte, das Fondue für eine Creme zu
halten, die er mit dem Löffel ass.

Das erste Fondue-Rezept stammt von keinem
Geringeren als Brillat-Savarin, der es folgendermassen
aufsetzte: „Die Fondues stammen aus der Schweiz,
sie sind eigentlich nichts anderes als Rühreier mit
Käse in gewissen Verhältnissen!"

Das heutige Käsefondue ist erst seit etwa 50 Jahren in
der Westschweiz zu Hause, dann aber begann es
seinen Siegeszug durch die ganze Schweiz, ja bis ins
Ausland. Es wird je nach Käsesorte in den verschiedenen Kantonen zubereitet. Halten wir uns an die
Devise:

Fondue isch guet und git e gueti Lune!

Für Fondue benötigen wir einen tönernen Kochtopf,
„Caquelon" genannt, einen Herd, ein Rechaud, um
das Fondue bei konstanter Temperatur geniessen zu
können. Jeder Teilnehmer bekommt einen Teller und
eine Fonduegabel. Hübsch gearbeitete Fondue-Gar-
nituren sind heute in der Schweiz ein beliebtes Hoch-
zeitsgeschenk.

Die Grundzutaten bestehen aus Käse, Knoblauch, Weisswein, Kirsch oder ähnlichem Schnaps, einem Bindemittel (Speisestäre oder Kartoffelmehl) und verschiedenen Gewürzen, je nach Geschmack. Am besten 1 Tag altes Brot in mundgerechte Würfel schneiden. Vom Teller nimmt man sich von Hand die Brotwürfel, spiesst sie auf die Gabel und dreht sie so lange in der Käsemasse, bis sie damit überzogen sind. Vorsicht, der flüssige Käse ist sehr heiss! Zum Schluss bleibt eine dünne, eingekochte Kruste, das Crution, übrig. Diese wird vorsichtig gelöst und von allen gemeinsam verzehrt.
Dazu trinkt man herben oder trockenen Weisswein oder Schwarztee und zum „Verdauen" ein Gläschen Kirsch.

Die nachfolgenden Fondue-Rezepte reichen für 4 Personen.

Fondue-Grundrezept

600 g Emmentaler und Greyerzer Käse (gemischt), 3 dl Weisswein, 1 Knoblauchzehe, 1 gehäufter Teelöffel Bindemittel, 2 Gläschen Kirsch, Muskat und Pfeffer

Das Caquelon mit der Knoblauchzehe ausreiben. Unter ständigem Rühren mit einer Kelle in 8er Form den Käse portionenweise zugeben. Wenn der Käse geschmolzen ist, das mit Kirsch angerührte Bindemittel einrühren, kurz aufkochen lassen, sofort auf ein geeignetes Rechaud stellen und ständig leise kochen lassen. Nach Belieben mit Pfeffer und Muskat würzen.

Pikantes Fondue

700 g Käsemischung, 1 dl helles Bier, 2 dl Milch, Senf, frisch gehacktes Basilikum

Milch und Bier zusammen aufkochen, mit dem Schneebesen kräftig den Käse darunterziehen, mit dem Senf, Basilikum und Pfeffer würzen, eventuell mit Milch und Bier verdünnen.
Zu dieser Art werden nicht nur Kartoffeln und Brot gegessen, sondern auch gekochte Karotten und Kohlräbli abwechslungsweise in den Käse getaucht –
En Guete!

Fondue riche

700 g Gruyèrekäse, 4 dl Weisswein, 15 g Bindemittel, 1 Knoblauchzehe, 8 cl Marc

Das Fondue wie üblich zubereiten und mit gerösteten
Brotwürfeli, Mixed-Pickles, Oliven, gedämpften
Champignons, Auberginen, gebratenen Speck-
scheiben, Schinken- oder Salamiwürfeli und Birnen-
schnitzen servieren.
Sofern Sie Birnen verwenden, ist es empfehlenswert,
Williamine anstelle von Marc zu nehmen.

Fondue mit Nüssen und Aprikosengeist

*700 g Fonduemischung, 100 g grob gehackte Walnüsse,
4 dl Weisswein, 15 g Bindemittel, 8 cl Aprikosengeist,
Muskat und Pfeffer*

Zubereitet wird dieses Fondue wie herkömmlich,
indem man mit dem Käse die Walnüsse beifügt.

Drei-Käse-Fondue

*700 g Käse aus je gleichen Teilen: Emmentaler, Appen-
zeller, junger Camembert, 1 Zwiebel, Butter, 4 dl Weisswein, 15 g Bindemittel, 8 cl Kirsch, Paprika, Pfeffer*

Zwiebel, Butter, Weisswein einköcheln lassen, die
Käsesorten separat raffeln und fein schneiden,
Emmentaler und Appenzeller zuerst, den möglichst
harten Camembert erst am Schluss beigeben. Bei
diesem Fondue ist die·Bindung nicht unbedingt nötig,
da die Mischung meistens genügend Konsistenz auf-
weist. Mit dem Kirsch parfümieren und mit Pfeffer
und Paprika würzen.

Tessiner Fondue

700 g Emmentaler Käse, 1 Zwiebel, gehackte Petersilie,
100 g Butter, 3 Eigelb, 3 dl Milch, Pfeffer

Die Butter erhitzen, die gehackte Zwiebel mit der
Petersilie anziehen, den Käse langsam zufügen, die
Milch mit dem Eigelb verquirlen und zum Verfeinern
am Schluss beigeben. Je nach Geschmack würzen.
Dieses Fondue wird im Tessin vorzugshalber mit ge-
schwellten Kartoffeln anstelle des Brotes genossen.

Jägerfondue

Beliebige Fonduemischung mit frischen Waldpilzen:
Eierschwämme, Steinpilze, Champignons, Toten-
trompeten etc.

Mit Schnittlauch garnieren. Williamine eignet sich
sehr gut für dieses Fondue.

Alkoholfreies Fondue

*800 g Freiburger Vacherin, 1 Knoblauchzehe, 1 dl Wasser,
Pfeffer, Muskat*

Das Caquelon mit der Knoblauchzehe ausfrottieren,
das Wasser darin aufkochen, den geraffelten Käse beigeben. Unter ständigem Rühren bei schwacher Hitze
zu einer cremigen Masse verarbeiten und würzen.

Vorsicht: Dieses Fondue darf nicht kochen, es sollte
stets kurz vor dem Siedepunkt bleiben, sonst gerinnt es.

Appenzeller Fondue

*700 g Appenzeller Käse, 1 Knoblauchzehe, 4 dl Weiss-
wein, 1 Esslöffel Zitronensaft, 15 g Bindemittel, 8 cl Obstbranntwein, Muskat, Pfeffer*

Man reibt das Caquelon mit der zerquetschten Knoblauchzehe aus, kocht den Weisswein darin auf und
gibt den geraffelten Appenzeller bei. Auf starkem
Feuer unter tüchtigem Rühren zu einer cremigen
Masse verarbeiten. Das in dem Obstbranntwein auf-
gelöste Bindemittel beifügen und würzen.

Fondue Moitié-Moitié

*350 g Gruyèrekäse, 350 g Freiburger Vacherin, 1 Knob-
lauchzehe, 4 dl Weisswein, 15 g Bindemittel, 8 cl Kirsch,
Muskat, Pfeffer*

Zubereitet wird dieses Fondue wie das Appenzeller
Fondue.

Genfer Fondue

*500 g Gruyèrekäse, 200 g Raclettekäse, 1 Knoblauchzehe,
4 dl Weisswein, 15 g Bindemittel, 8 cl Kirsch, Muskat,
Pfeffer, 10 g getrocknete Morcheln*

Die Morcheln einen halben Tag in Wasser einweichen,
waschen, hacken und kurz vor dem Servieren dem
Fondue beifügen, das nach Grundrezept zubereitet
wurde.

Eigene Rezepte & Notizen

Fleischgerichte

Fleisch kam früher in ländlichen oder einfachen Familien nur an Sonntagen und winterlichen Schlachttagen auf den Tisch. Schöne Fleischstücke von Schaf, Schwein oder Rind wurden an reiche Klöster und feine Stadtleute verkauft.

Nach dem Kirchgang eilten die Frauen an den heimischen Herd, die Männer klopften im Wirtshaus einen zünftigen Jass. Zum Sonntagsessen wurden Suppe, eine Vorspeise und ein saftiger Braten mit vielen Beilagen aufgetischt. Bei Dessert, hausgebackenem Kuchen und Kaffee sassen die Familien mit ihren Gästen bis in die späten Nachmittagsstunden zusammen. Die geplagte Hausfrau und Mutter vertauschte alsdann ihr Sonntagskleid mit der Küchenschürze, um „dem Berg" von schmutzigem Geschirr zu Leibe zu rücken.

Basler Lümmelibraten

Eine gepflegte Küche wusste man seit jeher in Basel zu schätzen. Das kostbarste Fleischstück (heute immer noch!), ein Rindsfilet, wurde von den adligen Familien und in vornehmen Häusern zubereitet.

1 kg Rindsfilet am Stück, 50 g Speckstreifen zum Spicken, Salz und Pfeffer, 30 g Butter, gemischt mit 3 Esslöffeln Öl, 1 grosses Rüebli, 1 Stück Sellerie, 1 geschälte Zwiebel, 1 dl Weisswein, 2 x 1 dl Fleischbrühe

Das Filet spicken oder schon vorbereitet vom Metzger kaufen. Mit Salz und Pfeffer einreiben und in Butter und Öl rundherum anbraten. Die geputzen Gemüse zugeben, mit Weisswein und 1 dl Fleischbrühe ablöschen. Im heissen Ofen unter häufigem Begiessen etwa 20–30 Minuten braten. Das Fleisch muss innen noch rosa sein! Den Bratensatz mit 1 dl Fleischbrühe aufrühren und separat in einer Saucière servieren.

Neuenburger Kutteln
Tripes à la neuchâteloise

Kutteln gehörten zu den billigsten Innereien, die aber in Zürich, Schaffhausen, Thurgau und in Neuenburg als Delikatesse zubereitet wurden. Heute gelten Kutteln als „salonfähig", und die besondere Art der Zubereitung machen sie in der Westschweiz zu einer beliebten Spezialität.

800 g vorgekochte Kutteln, 1/2 l Wasser, 2 dl Weisswein, Salz, Sauce Vinaigrette

Die Kutteln in ca. 5 x 5 cm grosse Vierecke schneiden. In gesalzenem, mit Weisswein vermischtem Wasser so lange kochen, bis sie weich, aber noch bissfest sind. Probieren!
Für die Sauce Vinaigrette werden 1 Teelöffel Senf, Salz und Pfeffer, 1 feingehackte Zwiebel, 1 feingehackte Salzgurke, viel feingehackte Peterli und Schnittlauch, 1 dl Weissweinessig und 2 dl Öl zu einer sämigen Sauce verrührt.
„Chuttleblätz" (Kuttelstücke) mit Salzkartoffeln servieren; die Vinaigrette-Sauce separat dazu reichen.

Berner Platte

Auf den behäbigen Bauernhöfen im Bernbiet wurde nach dem Schweineschlachten das Fleisch geräucht, eingesalzen oder verwurstet.
Bei üppigen Mahlzeiten zur Hochzeit, zur Taufe und zum Leichenmahl zeigt sich die Grosszügigkeit und der Wohlstand der Familie.
Die Berner Platte ist, zwar etwas bescheidener geworden, eine urchige Schweizer Spezialität. Im Sommer mit frischen Bohnen, im Winter mit Sauerkraut angerichtet, lassen sich verschiedene geräuchte Fleischstücke und Wurstarten miteinander kombinieren.

1 Zwiebel, 1 Knoblauchzehe, 1 kg Bohnen, 300 g geräuchter Speck am Stück, 400 g geräuchte Rippli oder Schweinshals, 2 kleine Schweinszungen (geräucht), 1 kleine Zungenwurst, 500 g Kartoffeln, wenig Fett, Bouillon, Salz, Pfeffer, Bohnenkraut

Die Zwiebel und den Knoblauch fein hacken und in wenig Fett anziehen lassen. Die gefädelten Bohnen beigeben, würzen und mit wenig Bouillon weich kochen. Das Fleisch getrennt etwa 1 Stunde garen, die Wurst im Fleischsud heiss werden lassen. Auf einer grossen, flachen Platte die Bohnen anrichten und mit dem portionenweise geschnittenen Fleisch garnieren. Mit Salzkartoffeln servieren.
Im Winter Sauerkraut oder Dörrbohnen verwenden.

Züri-Gschnätzlets
Geschnetzeltes Kalbfleisch, Zürcher Art

Die bekannte Spezialität, feingeschnittenes Kalbfleisch an Rahmsauce anzurichten, hat nicht nur im Kanton Zürich, sondern in der ganzen Schweiz viele Freunde gewonnen. Ob das Originalrezept mit oder ohne Champignons zubereitet wird, darüber streiten sich die Zürcher heute immer noch. Fleisch in kleine Stücke zu zerschneiden (schnetzeln) hat den Vorteil, dass es in wenigen Minuten zubereitet werden kann.

600 g zartes Kalbfleisch, 200 g frische Champignons,
1 Schalotte, Mehl, 50 g Kochbutter, 1 dl Weisswein,
2 dl Rahm, Salz, Pfeffer, Streuwürze

Das von Hand in dünne Streifen geschnittene Fleisch mit Mehl bestäuben und in sehr heisser Butter rasch allseitig anbraten. Aus der Pfanne nehmen, würzen und warm stellen. Feingehackte Schalotte kurz in der

Bratbutter andämpfen, den Fond mit Weisswein auf-
lösen und Rahm dazugiessen. Abschmecken und
kurz aufkochen lassen. Das Fleisch in der Sauce
erwärmen und mit Rösti oder Teigwaren servieren.

Zürcher Ratsherrentopf

Im Anschluss an eine Sitzung der Zürcher Rats-
herren, die oft über Tage dauerte, wurde dann so richtig getafelt. „Um es allen Ständen recht zu tun, wird
vielerley Fleisch und Gemüse aufgetischt, damit jeder
seyne Freud dran hat."

*200 g Kartoffeln, 200 g Erbsen, 200 g Karotten, 100 g
Schalotten, 200 g Champignons, 2 dl Fleischbrühe, Salz,
Pfeffer, Bratfett
Je 4 kleine Rinds-, Kalbs-, Schweinsfilets, 4 kleine Schaf-
kotelettes, je 4 Kalbsnieren-, Kalbshirn-, Kalbsmilken-
und Leber-Tranchen, 4 Speckscheiben und 4 Chipollatas*

Die feingehackten Schalotten in etwas Fett andünsten,
die in dicke Rädchen geschnittenen Karotten und die
frischen Erbsli dazugeben. Mit Salz und Pfeffer würzen und mit wenig Fleischbrühe weich dämpfen. Geschälte Kartoffeln würfeln und separat in Fett weich
braten. Die Champignons blättrig schneiden und
ebenfalls etwas dünsten. Alle Gemüse zusammen-
mischen und in einen grossen flachen Topf geben. Die
verschiedenen Fleischstücke kurz braten, würzen und
schön über die Gemüse verteilen.

Bündner Beckibraten

Im Herbst darf jeder Bündner einen Jagdschein lösen,
und so schwärmen dann die Jäger aus, um Hirsche
und Gemsen zu erlegen. Aber auch eine nuorsa
(Schaf) und noch zarter ein tschutt (Lamm) wird zu
dieser Jahreszeit gerne gegessen. Im Frühjahr ist es
die caura (Ziege) oder das ansiela (Gitzi), welche „im
Becki", das eigentlich aus Kupfer sein sollte, zubereitet wird.

*1 kg Schaf- oder Ziegenfleisch (Stotzen, Laffe oder
Rücken), 1 kg Kartoffeln, 250 g Rüebli, 2 Zwiebeln, 50 g
Fett, Salz, Pfeffer, Thymian, 1 Knoblauchzehe, 1 dl Weiss-
wein, 3 dl Fleischbrühe*

Das Fleisch würzen und mit kleinen Knoblauchstäb-
chen spicken. In heissem Fett von allen Seiten anbraten und in einen grossen Brattopf mit Deckel
(Becki) legen. Die grobgeschnittenen Rüebli und
Zwiebeln beifügen und mit Wein und Fleischbrühe
ablöschen. Unter Wenden und Begiessen das Fleisch
im heissen Ofen 45 Minuten braten, dann die geschälten, halbierten Kartoffeln zum Fleisch geben und eine
Stunde weiter braten. Das Fleisch aufschneiden,
wieder zu den Kartoffeln geben und im Becki auftragen.

Cognilio alla ticinese (Tessin)

Wer im Tessin etwas abseits der vielfrequentierten
Strassen wandert oder mit dem Auto gemütlich die
schöne Gegend besichtigt, stösst gelegentlich auf eine
kleine Gaststätte, die mit „Grotto" bezeichnet wird.
Grotto (eigentlich Höhle) verspricht fast immer ein
gemütliches Lokal mit wenigen Tischen und einer
kleinen Küche, in der „la mama oder il padrone"
selber kochen. Tessiner Spezialitäten brutzeln im Ofen
oder am offenen Kaminfeuer. Zum Cognilio
(Kaninchen) isst man Polenta oder Risotto.

*1 kg zartes Kaninchen (in Stücke zerteilt), 100 g Speck-
würfelchen, Salz, Pfeffer, 3–4 Salbeiblätter, Rosmarin,
Thymian, 1 Esslöffel Mehl, 2 dl Tessiner Rotwein,
ca. 3 dl Fleischbrühe, 1 Zwiebel, 1 Knoblauchzehe, Kochbutter, 2 dl Rahm*

Die Kaninchenstücke mit Salz und Pfeffer einreiben
und zusammen mit den Speckwürfelchen in Butter
allseitig anbraten. Mit Mehl bestäuben, so lange
weiterbraten, bis das Mehl bräunlich wird. Die Kräuter,
die geschälte, ganze Zwiebel und Knoblauchzehe hin-
zugeben. Mit Rotwein ablöschen, etwas einkochen
lassen, dann mit der Fleischbrühe ergänzen. 1 Stunde
zugedeckt schmoren. Das Fleisch aus der Pfanne
nehmen, die Sauce auf die Hälfte reduzieren und mit
Rahm verfeinern. Die Fleischstücke auf kleinem
Feuer ca. 10 Minuten in der delikaten Sauce durch-
ziehen lassen.

Eigene Rezepte & Notizen

Beilagen und Gemüse

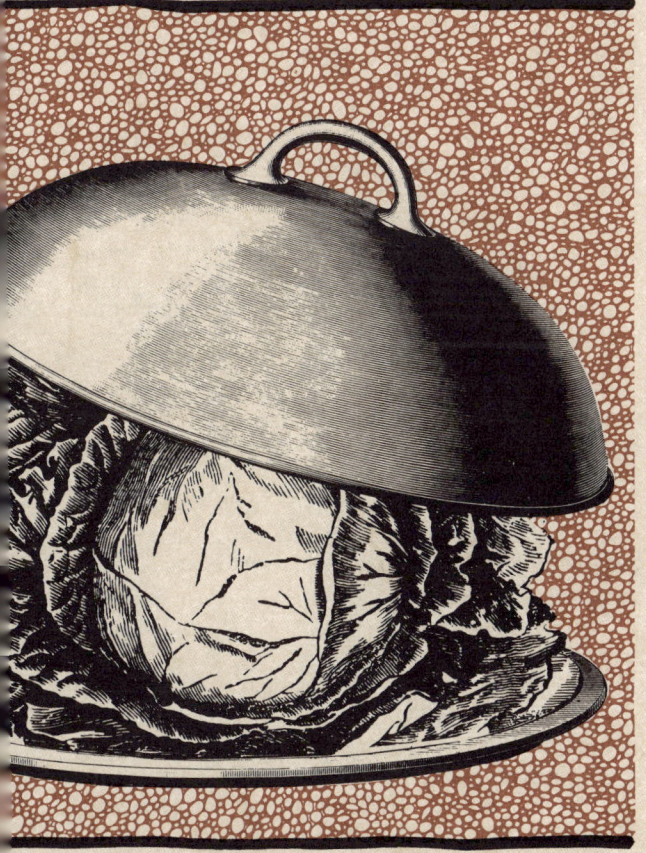

Rösti

An erster Stelle steht ohne Zweifel ein in der ganzen
Schweiz bekanntes Kartoffelgericht: Die Rösti. Regio-
nal wurde aber auch diese Spezialität ergänzt. So fügen
die Berner Speckwürfeli, die Freiburger Käse, die
Tessiner Kräuter und die Innerschweizer gehackte
Zwiebeln und Kümmel dazu.

Das Grundrezept, das der Fantasie keine Grenzen
lässt, wird folgendermassen zubereitet:
800 g am Vortag geschwellte Kartoffeln (Schalenkar-
toffeln) schälen, auf einer groben Raffel (Röstiraffel)
reiben und in einer grossen, flachen Bratpfanne mit
Schweinefett oder Kochbutter anbraten. Mehrmals
wenden, damit die Kartoffeln gut heiss und mit Fett
vermischt werden. Das dauert etwa 10 Minuten. Dem
Pfannenrand entlang frische Butterflocken verteilen,
salzen und zu einem flachen Kuchen zusammenschie-
ben. Mit den Fingern etwas Wasser über die Kartoffeln spritzen und bei grosser Hitze so lange braten, bis
auf der Unterseite eine schön goldene Kruste entsteht.
Auf eine vorgewärmte flache Platte stürzen.

Polenta

In Graubünden und im Tessin findet man in alten
Bauernhäusern und kleinen Gaststätten noch ein
Kupferkessi, das an einer Kette über dem offenen
Feuer hängend einen verlockenden Duft ausströmt.
Darin wird langsam aus grobgemahlenem Mais eine
Polenta zu einem dicken Brei gekocht.

Mais ist heute auch im modernen Haushalt (allerdings als verfeinerter Maisgriess angeboten) eine beliebte Fleischbeilage. Als Süss-Speise wird die Polenta auf ein nasses Brett gestrichen und in Stücke zerteilt, als „Maisschnitten" gebraten, mit Zucker und Zimt bestreut und zu Kompott gereicht.

250 g Maisgriess, Salzwasser

1 Liter Salzwasser aufkochen, den Maisgriess im Sturz ins Wasser schütten. Unter häufigem Rühren mit einem Holzlöffel auf kleinem Feuer etwa 1 Stunde kochen lassen. Nach Bedarf etwas Wasser zufügen. Wer die Polenta zu verfeinern wünscht, gibt zum Kochwasser wenig Milch und mischt Butterflocken oder geriebenen Käse darunter.

Cholermues (Unterwalden)

Eine eigenwillige, aber delikate Beilage zu Fleisch ist ein Unterwaldner Gericht, das die Sennen ursprünglich als Hauptmahlzeit zubereiteten. Ähnlich dem „Wiener Kaiserschmarren" kann das Cholermues auch mit Zimtzucker bestreut und mit Kompott gereicht werden; dann aber Pfeffer und Salz weglassen.

150 g Mehl, 4 Eier, Salz, Pfeffer, 1 dl Milch, 2 dl Rahm

Alle Zutaten zu einem dickflüssigen Omeletten-Teig verarbeiten. In einer grossen, flachen Bratpfanne Kochbutter schmelzen, die Masse eingiessen und

leicht anziehen lassen. Mit einer Bratschaufel in kleine
Stücke zerreissen und diese gleichmässig auf allen
Seiten hellbraun backen.

Zigerchnöpfli (Glarus)

Der Schabziger wird aus der Käsemolke durch zusätz-
liches Erhitzen gewonnen und durch eine nur im
Kanton Glarus bekannte Kräutermischung aromati-
siert. Zu kleinen „Stöckli" geformt, wird er getrocknet
oder geräuchert. Ganz fein gerieben und mit Butter
vermischt („Luussalbi"), ist er ein pikanter Brotaufstrich.
Dieses Gericht würde auch mit Milchkaffee für ein
Abendessen ausreichen.

*300 g Mehl, 2 dl Wasser, 3 Eier, 1 grosse Prise Salz,
1 Zigerstöckli*

Mit Mehl, Wasser, Eiern und Salz einen Teig zube-

reiten, den feingeriebenen Ziger zumischen und so
lange mit einer Kelle klopfen, bis er Blasen wirft.
Eine Stunde zugedeckt ruhen lassen. In einer grossen
Pfanne gesalzenes Wasser aufkochen. Den Teig durch
ein Chnöpflisieb drücken und die Chnöpfli (Spätzli) so
lange kochen lassen, bis sie an die Oberfläche steigen.
Gut abtropfen lassen und nach Belieben mit Butter
überschmelzen.

Suuri Sossengummeli (Schwyz)

Mit dem Wort Gummeli bezeichnen die Schwyzer
Kartoffeln. Sie werden in einer pikanten Sauce
gekocht und, wie schon der Name des Gerichtes
verrät, leicht säuerlich abgeschmeckt.

*800 g Gummeli (Kartoffeln), 50 g Butter, 50 g Mehl,
3/4 l Bouillon, 1 mit Lorbeerblatt und Nelken besteckte
Zwiebel, Salz, Pfeffer, Muskat, 3 Esslöffel guter Wein-
essig, Schnittlauch*

Butter und Mehl zusammen hellbraun rösten. Mit
der Bouillon ablöschen und zu einer sämigen Sauce
rühren. Würzen und mit der besteckten Zwiebel
30 Minuten leise kochen lassen. Die Kartoffeln
schälen, in nicht zu dicke Scheiben schneiden und so
lange in der Sauce mitkochen, bis sie weich sind.
Die Zwiebel entfernen, die Kartoffeln mit Essig und
Schnittlauch gut vermischen.

Die Sossengummeli werden gerne lauwarm zu
Käsekuchen (siehe Rezept Seite 85) gereicht.

Rheintaler Türggenribel (St. Gallen)

Als „Türggen" wird im Rheintal der Mais bezeichnet.
Wie der Türggenribel ins Rheintal kam, wird folgendermassen dargelegt: Türken, die seit langer Zeit die
österreichisch-schweizerische Grenze passierten, um
vorwiegend beim Strassenbau mitzuhelfen, haben ihn
als Ersatz für Couscous eingeführt. Am Sonntag je-
weilen trafen sie sich zu einer gemeinsamen Mahlzeit,
an welcher auch bald die Schweizer Freunde teilnah-
men. Die Rheintaler haben dieses Gericht übernom-
men und als Tradition behalten. Der Türggenribel
wird zu verschiedenen Fleischspeisen gegessen oder
bildet häufig, nur in Milchkaffee eingetaucht, eine
einfache Mahlzeit.

300 g Maisgriess, 20 g Mehl, 4 dl Milch, Salz,
50 g Kochbutter, 50 g Tafelbutter

Den Maisgriess in 2 dl Milch eingeweicht über Nacht
stehen lassen. Mit der restlichen Milch, Mehl und Salz
aufkochen, sodass ein kompakter Brei entsteht. Kochbutter in einer Bratpfanne zergehen lassen und unter
ständigem Rühren die Maismasse bei schwacher Hitze
rösten, bis kleine Klümpchen (Ribel) entstehen.
Um gleichmässige Ribel zu erhalten, werden nach und
nach Butterflocken dazugemischt. Die Masse wird
etwa 45 Minuten auf kleinem Feuer ständig gerührt.

Maluns (Graubünden)

Ähnlich dem Ribel wird in Graubünden die Maluns zubereitet. Anstelle von Mais nehmen die Bündner Kartoffeln und Mehl gemischt.

1 kg Kartoffeln, 200 g Mehl, 100 g Kochbutter, Salz, 20 g Butterflocken

Die Kartoffeln einen Tag zuvor in der Schale kochen, schälen und auf der Röstiraffel reiben. Mehl und Kartoffeln mit den Händen so lange reiben, bis das Mehl von den Kartoffeln aufgesogen ist. In zerlassener Butter unter ständigem Wenden zu kleinen Stückchen mit gelegentlicher Zugabe von Butterflocken rösten. Aufpassen, dass die Maluns nie angebraten, sondern wirklich langsam während etwa 40 Minuten hellbraun geröstet wird!

Lattich nach Neuenburger Art

4 grosse Lattichköpfe gut waschen, die äusseren, harten Blätter entfernen und in einer grossen Casserole in reichlich Fett leicht anbraten. 100 g geräuchte Speckwürfeli beigeben. Mit Salz und Muskat würzen und mit wenig Neuenburger Weisswein ablöschen. 45 Minuten simmern lassen.

Karden mit Mark (Genf)

Karden (oder auf französisch »Cardons«) sind ein
Distelgewächs, mit den Artischocken verwandt.
In Genf hat man dieses Gemüse zu einer Delikatesse
entwickelt, die aber auch mit Artischocken zubereitet
werden kann.

*800 g zarte Kardenstengel, 1 Teelöffel Zitronensaft,
3 schöne Markknochen, 2 dl Genfer Rotwein, 30 g Butter,
50 g geriebener Käse*

Die Karden rüsten und in etwa 5 cm lange Stücke
schneiden. In Salzwasser mit Zitronensaftzugabe weich
kochen. In eine bebutterte Auflaufform schichten.
Die Markknochen in Rotwein etwa 15 Minuten ziehen
lassen, das Mark auslösen, in Scheiben schneiden und
das Gemüse damit belegen. Den Rotwein auf wenige
Löffel einkochen lassen, über die Karden giessen und
mit Käse bestreut kurz im Ofen überbacken.

Chifel, verdämpft (Luzern)

Chifel, Kefen oder Zuckerschotten sind so zart, dass
sie fast auf der Zunge zerfliessen. Vorbedingung ist
aber, dass sie sorgfältig abgefädelt werden.

*800 g Chifel, 2 Schalotten, 50 g Butter, 1 dl Bouillon,
Bohnenkraut, Majoran, Streuwürze*

Die Chifel mit feingehackten Schalotten in Butter gut
wenden. Mit Bouillon ablöschen und die feingehackten

Kräuter sowie die Streuwürze zugeben. Weich kochen lassen.

Baarer Räbemues (Zug)

In Baar findet jedes Jahr zur Fasnachtszeit die Wahl des „Räbenvaters" durch die Fasnachtsgesellschaft statt. Er ist der lebendige Vertreter des „Räbechüngs", einer symbolischen Fasnachtsfigur. Begleitet von Hütern, Chrampfern, Räbengäuggeln und Zeremonius nimmt er bei einem nächtlichen Fackelzug die Huldigung des Volkes entgegen.
Anstrengende Tage stehen ihm nun bevor. Mit kleinen Aufmerksamkeiten besucht er wohltätige Institutionen. Am grossen Sonntagsumzug verteilt er als Ehrenperson Orangen. Mit seinem Zepter, einer auf einen Stab montierten Räbe, begleitet er den Chüng auf seinem letzten Gang zum Scheiterhaufen. Dort wird am Fasnachtsdienstag die fantasievoll gestaltete Figur, die mit Feuerwerkskörpern versehen ist, verbrannt und beendet somit die turbulenten Fasnachtstage. Aber wo gefeiert wird, gibt es auch diesen gebührenden Schmaus:

6 Räben, Salzwasser, 2 Esslöffel Mehl, 1 dl Rahm, Muskat und Streuwürze

Die Räben schälen, in Würfel schneiden und in Salzwasser weich kochen. Zu einem Purée wie Kartoffelstock verarbeiten, würzen und mit einem Teiglein aus Rahm und Mehl binden. Wer das Räbenmus

verfeinern will, streut geröstete Speckwürfeli oder in
Butter gebräuntes Paniermehl darüber. Dazu wird
geräuchtes Schweinefleisch gereicht.

Walliser Spargeln

Ganz frische Spargeln müssen vor Sonnenaufgang
gestochen werden. Dünn abgeschälte Spargeln
(ca. 300 g pro Person) in reichlich Salzwasser, dem
eine Prise Zucker und etwas Öl beigefügt wird, weich
kochen. Garprobe an den Enden machen. Auf einem
Tuch abtropfen lassen und auf einer flachen, vor-
gewärmten Platte anrichten. Die Walliser finden es
schade, dieses feine Gemüse mit einer Sauce zu bereichern. Daher werden die Spargeln nur mit reichlich
zerlassener Butter übergossen.

Eigene Rezepte & Notizen

Fleischpasteten und pikante Kleinigkeiten

Gewürztes Fleisch und Gemüse auf einem Kuchenboden zu verteilen oder in Teig einzubacken, stammt eigentlich aus der Zeit, in der die Hausfrauen mit aufgerollten Ärmeln den Teig für Früchtekuchen zubereiteten. Ein Familienessen wurde meistens für 10 – 20 Personen gekocht, und dafür einen Teig zu kneten, das war schon eine recht schwere körperliche Anstrengung. Um den Arbeitsprozess auszunützen, wurde von einfallsreichen Köchinnen die Zutatenmenge verdoppelt. Die eine Hälfte trennten sie zu einer währschaften Tagesmahlzeit ab, die andere verwandten sie für verschiedene süsse Speisen. Dass sich daraus eigentliche Spezialitäten entwickelt haben, zeigen die folgenden Gerichte immer noch.

Churer Fleischpastete (Graubünden)

Teig: 220 g Mehl, 175 g Butter, 1/2 dl warme Milch, 1 Prise Salz, 1 Eigelb
Füllung: 250 g Schweinefleisch, 250 g Rindfleisch, 100 g Speck, 1 grosse Zwiebel, 1 Esslöffel Fett, Salz, Paprika, Majoran, 1 Esslöffel Mehl, 2 dl Veltliner Wein, 1 Ei

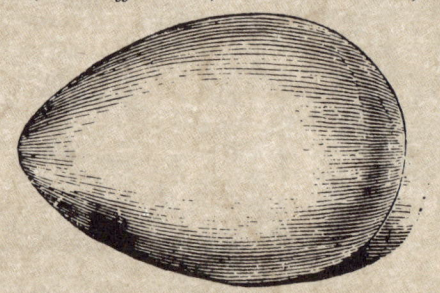

Für den Teig alle Zutaten verkneten und 1 Stunde
ruhen lassen. 2/3 davon auswallen, eine gut gefettete
Springform damit auslegen. Das restliche Drittel zu
einem passenden Deckel formen und zurückbehalten.
Für die Füllung alles Fleisch zusammen durch den
Fleischwolf drehen und mit der gehackten Zwiebel in
wenig Fett leicht anbraten. Mit Mehl und den Gewürzen bestreuen und mit Wein ablöschen. Die Fleisch-
masse sollte nicht zu trocken, darf aber auch nicht zu
flüssig sein. Den Teigboden mit einer Gabel mehrmals
einstechen und die Füllung darauf verteilen. Die Teigränder mit Eiweiss bestreichen, den Teigdeckel aufsetzen und fest andrücken. Mit der Gabel ein Muster
einstechen (die Churer machen fast ein Meisterwerk
daraus) und mit Eigelb bestreichen. Im gut vorgeheizten Backofen etwa 50 Minuten backen.

Schaffhauser Bölledünne

Teig: 250 g Weissmehl, 100 g Butter, 1 dl Wasser,
1 Teelöffel Salz, 1 Esslöffel Öl
Füllung: 500 g Zwiebeln, 50 g ganz fein geschnittene
Speckstreifchen, 2 Eier, 3 dl Rahm, 1/2 Teelöffel Kümmel,
Salz, Pfeffer, Muskat, 1 Esslöffel Schweinefett

Das Mehl in eine Schüssel sieben. Die Butter, in
kleine Flocken geschnitten, ins Mehl geben und mit
den Händen ganz fein (bröselig) zerreiben. Wasser,
Salz und Öl dazumischen und rasch zu einem Teig
verkneten. Mindestens 1 Stunde an die Kälte stellen.
Ein gefettetes und bemehltes Kuchenblech mit dem

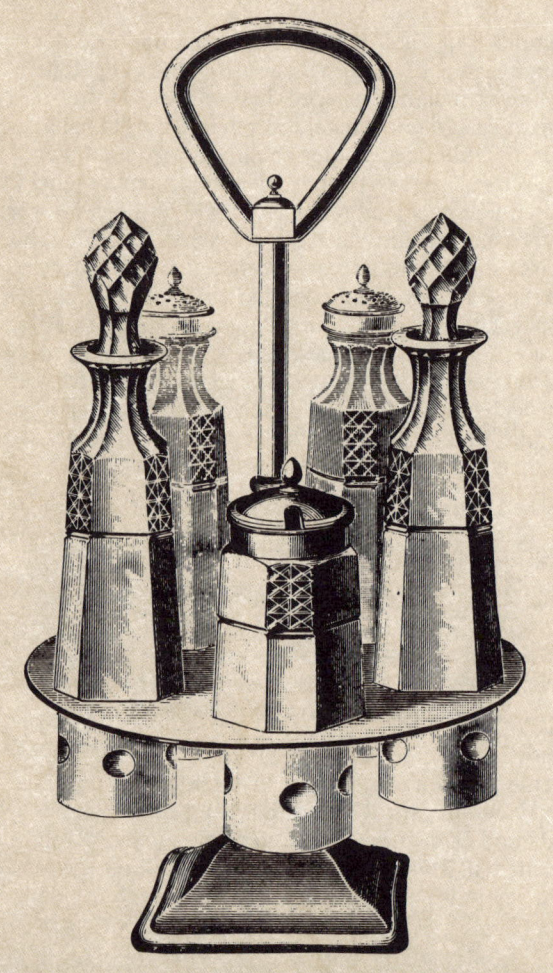

Teig auslegen. Die Zwiebeln schälen, in feine Ringe
schneiden und zusammen mit den Speckstreifen im
Schweinefett weich, aber nicht braun dämpfen. Auf
dem Kuchenboden verteilen. Aus Eiern, Rahm und
den Gewürzen einen Guss klopfen und über die
Zwiebeln giessen. Im vorgeheizten Ofen bei Mittelhitze etwa 45 Minuten backen.

Käsekuchen (Schwyz)

400 g Brotteig (vom Bäcker) auswallen und auf ein
Kuchenblech legen. 150 g Emmentaler Käse und 150 g
Sbrinz mit einer feingehackten Zwiebel, 2 Eiern und
2 dl Milch mischen. Die Masse auf dem Teigboden
ausstreichen und anfangs bei mässiger Unterhitze,
dann sehr heiss so lange backen, bis der Käse flüssig
ist und eine leicht braune Kruste bildet.
Dazu werden in Schwyz suuri Sossengummeli
gereicht.

Böllewegge (Thurgau)

Im Spätherbst, zur Räbenzeit, wenn die Abende früher dunkel werden, ziehen die Schulkinder in vielen
Thurgauer Gemeinden in kleinen Umzügen durch die
Dörfer. Frische weisse Räben werden ausgehöhlt,
liebevoll verziert und mit einer eingesteckten Kerze
durch die Strassen getragen. Oftmals lässt es sich
die Dorfmusik nicht nehmen, die Kinder dabei zu
begleiten. Anschliessend stärkt man sich gemeinsam
mit einem Böllewegge.

Fertiger Brotteig (vom Bäcker), 4 – 6 grosse Zwiebeln,
50 g Butter oder Fett, 50 g Speck, 2 Esslöffel Mehl,
1/4 l Rahm und Milch (gemischt), 2 – 3 Eier, Salz

Den Teig fingerdick auswallen und in rechteckige
Stücke teilen. Zwiebeln und Speck grob hacken, mit
den anderen Zutaten zu einer dicken Crème verarbeiten. Die Masse in der Mitte der Teigstücke verteilen,
diese beidseitig zusammenschlagen oder aufrollen und
die Ränder fest andrücken. Im Ofen auf Mittelhitze
gut durchbacken.

Chügelipastete (Luzern)

Es lohnt sich, diese Pastete, welche viel Arbeit und
etwas Geschicklichkeit verlangt, selbst zuzubereiten.
Sie stand im Mittelpunkt bei den Menüs der Zünfte
und aristokratischen Familien. Je nach Rezept und
nach Portemonnaie wird sie nur mit Brätkügeli oder
mit exklusiveren Zutaten gefüllt. In Luzern kann man
die leere Pastete auf Vorbestellung auch beim Bäcker
erhalten.

*Pastete: 500 g fertiger Blätterteig, Butter und Mehl für
das Blech, 2 Eigelb*
*Füllung: 300 g Kalbsbrät, 200 g Milken, 300 g geschnet-
zeltes Kalbfleisch, 200 g Champignons, Zitrone, Salz,
1 Zwiebel, Butter*

1/3 des Teiges zu einem runden Bogen von etwa
22 cm Durchmesser auswallen und auf ein gefettetes
Blech legen. Aus zusammengeknülltem Seidenpapier
eine grosse Kugel formen und auf den Teigboden
setzen. Den restlichen Teig so gross auswallen, dass er
über die Papierkugel gelegt werden kann. Die Verbin-
dungsränder fest zusammendrücken. Mit Teigresten
verzieren und mit Eigelb bepinseln. Die Pastete bei
180°C goldbraun backen. Einen Deckel abschneiden,
sorgfältig zur Seite legen und das Papier behutsam
herausziehen.
Für die Füllung soviel Wasser aufsetzen, dass die gut
gewaschene Milke knapp bedeckt ist. Mit 1 Zitronen-
scheibe und Salz zum Sieden bringen. Die Milke darin
20 Minuten ziehen lassen, kalt abspülen, enthäuten
und in Würfel schneiden.

Das Brät zu Kügelchen formen und im Milkensud
10 Minuten garen. Das Kalbfleisch mit einer feingehackten Zwiebel in sehr heisser Butter kurz anbraten.
Champignons blättrig schneiden und in wenig Butter
mit einigen Tropfen Zitronensaft andünsten. Alles
Fleisch und die Pilze warm stellen.

Sauce: 40 g Butter, 40 g Mehl, 2 dl Weisswein,
3 dl Bouillon, Salz, Pfeffer, Muskat, 1 Eigelb, 1 dl Rahm

Für die weiße Sauce werden Butter, Mehl, Weisswein
und Bouillon verrührt. Pikant würzen und 15 Minuten
unter Rühren leicht kochen lassen. Mit verklopftem
Eigelb und Rahm legieren. Nicht mehr kochen lassen,
weil die Sauce sonst gerinnt, aber warm halten. Fleisch
und Champignons damit vermischen und die kurz
erwärmte Pastete halbhoch füllen. Den Deckel aufsetzen und den Rest der feinen Füllung separat in
einer Saucière dazureichen.

Morchelschnitten (Jura)

Im Kanton Jura werden nicht nur Pferde frei auf
grossen Weiden gehalten, man findet auch immer
noch die begehrten Morcheln. Allerdings sind die
Fundplätze nur den einheimischen Pilzsammlern
bekannt. Morcheln werden sehr teuer gehandelt,
lassen sich aber zu einer exklusiven Toast-Spezialität
verarbeiten.

8 Toastbrotscheiben, 2 Schalotten, 50 g Butter, Salz
und Pfeffer, 2 dl Rahm, Peterli und viele Morcheln
(mindestens sollten es etwa 500 g sein)

Die Morcheln zerteilen und sehr gut waschen, da
gerne Sandrückstände zurückbleiben. In der zerlassenen Butter zuerst die feingehackten Schalotten
andämpfen, dann die Pilze mitdünsten, bis sich ihr
herrliches Aroma entwickelt. Mit Rahm ablöschen
und mit Gewürzen abschmecken. Etwa 10 Minuten
leicht kochen lassen und über heisse, getoastete Brotscheiben verteilen. Mit gehackten Peterli bestreuen.

Schaffhauser Schüblingweggen

Aus den vielfältigen Wurst-Spezialitäten der Schweiz,
denken wir nur an die Westschweizer Saucissons, die
St. Galler Bratwurst, die Appenzeller und Glarner Süd-
würste, die Zungen- und Schinkenwürste, die Cervelat
und Stumpen, wählen wir den in Teig gebackenen
Schauffhauser Schübling aus.
Der Schübling wird meistens als Paar zubereitet und
kann in heissem Wasser erhitzt werden. Aber in
Schaffhausen werden sie – in Teig eingepackt – zu
einer vollständigen Mahlzeit.

*Teig: 300 g Mehl, 120 g Schweinefett, 1 1/2 dl Salzwasser,
1 Messerspitze Backpulver*

Mehl und Fett gleichmässig mit den Händen ver-
reiben. Mit Backpulver und dem Salzwasser rasch zu
einem Teig verarbeiten. An kühlem Ort 1 Stunde
ruhen lassen. Die Schüblinge in heissem Wasser kurz
ziehen lassen und schälen. Den Teig in so grosse
Rechtecke auswallen, dass die Würste paarweise darin
eingepackt werden können. Den Weggen mit Eiweiss
verkleben, damit die Ränder gut zusammenhalten. Mit
einer Gabel Verzierungen einstechen. Im heissen Ofen
etwa 25 – 30 Minuten backen.

Eigene Rezepte & Notizen

Süsse Kuchen und Gebäck

Aargauer Rüeblitorte

Aus dem sogenannten „Rüebli-Land", dem Kanton
Aargau, stammt eine Torte, die eine gewagte Kombination von Gemüse und Zucker ist. Sie schmeckt aber
so hervorragend, dass sie in der Schweiz schon lange
weitherum bekannt wurde.

*8 Eier, 350 g Zucker, 400 g gemahlene Mandeln, 250 g
feingeraffelte Rüebli, 50 g Mehl, 2 Teelöffel Backpulver,
abgeriebene Schale von einer Zitrone, 2 Esslöffel Kirsch*

Eigelb, Zucker und Zitronenschale werden 10 Minuten
gerührt, Mandeln und Rüebli beigeben. Zuletzt das
mit Backpulver vermischte Mehl dazusieben. Das
steifgeschlagene Eiweiss und den Kirsch leicht darunterziehen. Die Torte in einer gut gefetteten Kuchen-
form bei mässiger Hitze während 70 Minuten backen.

Die Torte kühl lagern. Sie sollte 2 – 3 Tage in Alufolie
eingewickelt und erst kurz vor dem Aufschneiden mit
Puderzucker und mit Marzinpanrüebli garniert
werden.

Glarner Pastete

Dieses feine Blätterteiggebäck verbirgt zwei Füllungen:
Hausgedörrte Zwetschgen und Mandeln sind in diese
sogenannte Pastete eingebacken.

500 g Blätterteig, 1 Eigelb und Eiweiss (getrennt)
Mandelmasse: 130 g geschälte, feingeriebene Mandeln,
50 g Butter, 130 g Zucker, 2 Eier, Saft und abgeriebene
Schale von 1/2 Zitrone
Zwetschgenfüllung: 300 g Dörrzwetschgen, Zucker und
Zimt, 2 Esslöffel Kirsch

Für die Mandelmasse die Butter schaumig rühren,
die anderen Zutaten unterziehen.
Für die Zwetschgenfüllung werden die Dörrzwetschgen mit heissem Wasser übergossen und einige Stunden stehen gelassen. Dann werden die aufgequollenen
Zwetschgen entsteint, zu einem dicken Mus passiert
und mit Zucker, Zimt sowie Kirsch vermengt.
Eine Hälfte des Blätterteiges 1/2 cm dick auswallen
und als Boden in eine etwa 28 cm durchmessende
Form legen.
Die eine Hälfte des Teigbodens mit Mandelfüllung,
die andere Hälfte mit Zwetschgenfüllung belegen,
aber so, dass beide Massen gleich hoch sind und sich
nicht vermischen. Einen Rand von etwa 4 cm frei
lassen und diesen mit Eiweiss bestreichen. Die zweite
Teighälfte zu einem etwas grösseren Deckel auswallen
und über die Füllung legen. Die Teigränder fest
zusammendrücken. Mit einer Schere in die Oberfläche
regelmässige, etwa 4 cm lange Einschnitte machen.
Vorsichtig mit Eigelb bestreichen. In guter Hitze
40 Minuten backen, auskühlen lassen und mit Puderzucker bestreuen.
Erst beim Anschneiden erkennt man die Stücke mit
heller oder dunkler Füllung.

Gâteau au vin cuit (Waadtland)

1 Tasse Zucker, 1 Ei, 1/2 Tasse kaltes Wasser, 1 Teelöffel Stärkemehl, 1 Teelöffel Butter, 1/2 Tasse Milch, 1 Tasse weisser Waadtländer Wein, 2 Tassen Rahm, 300 g Zuckerteig

Den Teig auf ein rundes Blech auslegen und einen Rand formen. Mit einer Gabel mehrmals einstechen. Alle Zutaten zusammen unter Rühren kurz aufkochen lassen und über den Teigboden verteilen. Mit soviel Weisswein übergiessen, dass nichts über den Teigrand läuft, und mit Butterflocken belegen. Bei guter Hitze im Ofen backen.
Dieser Weinkuchen wird im Waadtland zu Weisswein genossen, man kann ihn aber auch zu Kaffee servieren.

Thurgauer Apfeltorte

Der Kanton Thurgau wird in der Schweiz scherzhaft manchmal mit dem Namen „Most-Indien" bezeichnet. Die grössten Äpfel- und Birnenkulturen sind da zu finden, und aus den Früchten werden Torten und Kuchen, aber auch süsse und saure Moste zubereitet.

200 g Mehl, 125 g Butter, 125 g Zucker, 1 Teelöffel Backpulver, 2 Eier, 1 Teelöffel Zitronensaft, 4 Äpfel, 2 Esslöffel Zucker

Die Butter mit dem Zucker schaumig rühren, so dass eine luftige Masse von mindestens doppeltem Volu-

men entsteht. 2 Eigelb und den Zitronensaft beigeben
und weiterrühren. Mehl und Backpulver mischen und
abwechslungsweise mit zwei zu Schnee geschlagenen
Eiweiss unter die Masse ziehen. Den Teig in eine
bebutterte, mit Mehl bestäubte Form giessen. Die
Äpfel schälen, halbieren, vom Kerngehäuse befreien
und schmale Scheibchen so einschneiden, dass die
Apfelhälften unten noch zusammen halten. In Zucker
wenden und auf dem Teig verteilen. Die Torte im mittelheissen Ofen auf der untersten Rille ca. 30 Minuten
backen. Mit einer Nadel die Garprobe machen, es darf
kein Teig mehr kleben bleiben.

Osterfladen (Luzern)

Osterbräuche und Ostergebäck sind in der ganzen
Schweiz beliebt. Einen feinen Osterkuchen backen die
Luzerner.

Teig: 250 g Mehl, 125 g Butter, 2 dl Wasser, 1 Prise Salz
Füllung: 100 g geschälte, geriebene Mandeln, 2 dl Milch,
50 g Zucker, 1 dl Rahm, 3 Eier, 50 g Rosinen, 2 Esslöffel
Stärkemehl, 1 Teelöffel abgeriebene Zitronenschale,
Puderzucker zum Bestreuen

Aus den Zutaten einen geriebenen Teig herstellen und
etwa 30 Minuten kalt ruhen lassen. Ein bebuttertes
und bemehltes Kuchenblech von etwa 28 cm Durchmesser mit dem ausgerollten Teig belegen.
Für die Füllung die Rosinen in warmem Wasser einweichen. Zucker und Eigelb schaumig rühren. Milch
mit Rahm, das angerührte Stärkemehl, die Zitronen-

schale und die gut ausgedrückten Rosinen einrühren.
Das Eiweiss zu Schnee schlagen und locker unterziehen. Die Füllung auf dem Teigboden verteilen und
den Fladen bei mittlerer Hitze 1 Stunde backen. Aus
Karton einen Osterhasen oder Ostereier ausschneiden
und als Schablone auf den ausgekühlten Kuchen
legen. Die gesamte Oberfläche mit Puderzucker
bestreuen und die Schablone sorgfältig abheben.

Klostertorte (St. Gallen)

*150 g Butter, 100 g Zucker, 100 g Mandeln, 1 Teelöffel
Zimt, 2 Esslöffel Kakao-Pulver, 1 Teelöffel Backpulver,
300 g Mehl, ca. 1/2 dl Milch, 1 Tasse Johannisbeer- oder
Himbeerkonfitüre, 1 Ei zum Bestreichen*

Butter und Zucker schaumig rühren. Mandeln, Zimt
und Kakao sowie das gesiebte Mehl, mit Backpulver
vermischt, und Milch beigeben. Rasch zu einem
geschmeidigen Teig verarbeiten. 30 Minuten zugedeckt an einem kühlen Ort ruhen lassen. Den Boden
einer gut bebutterten Form mit der einen Teighälfte
auslegen. Die andere Hälfte nochmals teilen, 2 Rollen
formen, die miteinander verschlungen als Rand mit
Eiweiss auf dem Teigboden befestigt werden. Die
Konfitüre auf dem Boden ausstreichen. Aus den
Teigresten lange Streifen schneiden und gitterförmig
über die Konfitüre legen. Mit Eigelb bestreichen und
bei ca. 180°C während 45 Minuten backen.

Brunsli (Basel)

Ein beliebtes Weihnachtsgebäck, bei dem vor allem
darauf geachtet werden muss, dass es im Ofen mehr
getrocknet als gebacken wird.

*200 g ungeschälte Mandeln (gerieben), 200 g Zucker,
2 Eiweiss, je 40 g Süss- und Bitter-Schokolade, 1 Messerspitze Zimt, 1 Esslöffel Kirsch*

Die Eiweiss kurz schlagen, Schokolade ganz fein
reiben und mit den anderen Zutaten so lange rasch
verkneten, bis der Teig gut zusammenhält. Auf Zucker
auswallen und mit beliebigen Formen ausstechen.
Sorgfältig auf ein mit Pergament ausgelegtes, grosses
Backblech schieben und bei ganz schwacher Hitze
etwa 20 Minuten leicht backen. Die Brunsli sollten
innen noch weich sein und können nur kurze Zeit
aufbewahrt werden.
Ein Tip: Sie sehen hübsch aus, wenn sie vor dem
Auftragen leicht mit Griess-Zucker bestreut werden.

Schaffhauser Züngli

*125 g geriebene Mandeln, 120 g Zucker, 20 g Mehl,
4 Eiweiss
Füllung: 100 g Butter, 80 g Puderzucker, 1 Eigelb,
1 Messerspitze ausgekratztes Mark von einem Vanille-
stengel*

Das Eiweiss zu steifem Schnee schlagen. Mandeln,
Zucker und Mehl nach und nach darunterziehen. Auf
ein bebuttertes, bemehltes Blech mit Hilfe eines Aus-

stechers ca. 5 cm lange und 2 mm dicke, ovale Plätzli (Züngli) streichen. Bei 150°C im Ofen leicht hellbraun backen, sofort vom Blech abheben und auf einer flachen Platte erkalten lassen. Zur Füllung die Butter schaumig rühren, den Puderzucker sowie das Vanille-mark und das Eigelb dazumischen. Die Hälfte der Plätzchen mit Füllung bestreichen, mit einem zweiten Plätzchen bedecken und mit Puderzucker bestreuen.

Strübli (Bern)

In vielen Berner Familien kommt am Karfreitag eine grosse Portion Strübli auf den Tisch; zu Kaffee wird davon zwischendurch genascht. Sie munden aber auch das ganze Jahr hindurch. Dieses feine Teiggebäck wird auch „Trichterchüechli" genannt, weil es durch einen Trichter in heisses Fett einlaufen muss.

350 g Mehl, 4 dl Milch, 20 g Butter, 3 Eier, 60 g Zucker, Friture-Fett, Zimt-Zucker zum Bestreuen

Das Mehl in eine Schüssel sieben, die Milch aufkochen und die Butter darin schmelzen lassen. Eier und Zucker verklopfen und abwechselnd mit Mehl in die heisse Milch einrühren. Der Teig soll dick, aber so flüssig sein, dass er durch einen Trichter fliesst. Nun Fritierfett auf etwa 190°C erhitzen. Einen Schöpflöffel voll Teig durch einen Trichter mit kreisenden Bewegungen so in das Fett einlaufen lassen, dass spiralförmige Strübli von etwa 15 cm Durchmesser entstehen. Auf Küchenpapier abtropfen lassen und noch warm mit Zimt-Zucker bestreuen.

Nusstorte (Solothurn)

Solothurn hat relativ wenig eigene Spezialitäten aufzuweisen. Aufgeschlossen wie die Solothurner sind, übernehmen sie die besten Rezepte aus den sie umgebenden Kantonen. Etwas Besonderes ist die Nusstorte. Die Zubereitung erfordert allerdings

einigen Arbeitsaufwand und wird in 3 Teilen
ausgeführt, aber es lohnt sich!

*Boden und Deckel: 3 Eiweiss, 100 g Zucker, 1 Esslöffel
Stärkemehl*

Von einer Springform den Umkreis auf Pergament-
Papier abzeichnen. Zwei Schablonen davon ausschneiden. Eiweiss sehr steif schlagen und mit Zucker
und Stärkemehl vermischen. In einen Dressiersack
füllen. Je die Hälfte spiralförmig auf die Pergament-
kreise dressieren und auf einem grossen Blech beide
Kreise bei Mittelhitze etwa 15 Minuten nur ganz leicht
hellbraun backen. Sofort auf einem Gitter auskühlen
lassen und das Papier lösen.

*Bisquit: 3 Eier, 100 g Zucker, 50 g Mehl, 1 Esslöffel
Backpulver, 50 g gemahlene Haselnüsse*

Die Eigelb und den Zucker gut schaumig rühren.
Mehl und Backpulver zusammen sieben und abwechslungsweise mit den Haselnüssen und zu Schnee
geschlagenem Eiweiss mischen. In der bebutterten
und bemehlten Springform bei Mittelhitze 30 – 40
Minuten backen, bis der Teig schön aufgegangen ist.
Auf dem Tortengitter auskühlen lassen.

*Füllung: 200 g Butter, 150 g Puderzucker, 50 g geriebene
Haselnüsse*

Butter und Zucker so lange schaumig rühren, bis eine
Crème entsteht. Die Haselnüsse dazumischen.

Zur Fertigstellung dieser exklusiven Torte auf eine

flache Platte den Boden legen und mit einer Hälfte der
Füllung bestreichen. Das Bisquit auflegen, die zweite
Füllungshälfte auftragen und sorgfältig den Deckel
darauf plazieren.
Leicht kühl stellen und am besten mit einem in
heisses Wasser getauchten Messer anschneiden.

Eigene Rezepte & Notizen

Zabaione (Tessin)

Diese luftige Nachspeise hat einen Nachteil, sie muss kurz vor dem Servieren zubereitet werden. Bei den „Ticinesi" sitzt man aber einen ganzen Festtag im Familienkreis zusammen, und die Zabaione, der krönende Abschluss, wird von der Hausfrau in Portionen aufgetischt.
Nie für mehr als 2 Personen berechnen!

Pro Person: 1 Eigelb, 1 Esslöffel Zucker, 1/2 dl Weisswein, 1 Esslöffel Marsala-Wein

In ein Wasserbad (leicht kochendes Wasser) eine kleine Pfanne oder Schüssel stellen. Alle Zutaten ununterbrochen mit dem Schwingbesen so lange schlagen, bis eine schaumige Crème entsteht, die nicht kochen darf, aber sehr heiss werden muss. In ein weithalsiges Glas oder in eine Tasse füllen und sofort auftischen.

Chriesi Prägel (Basel)

Die Basler Chriesi sind klein, aber sehr süss und saftig. Die „schwarzen Kirschen" wurden früher sehr geschätzt, weil man die ausgespuckten Chriesisteine gewaschen, getrocknet und dann in ein Säckli eingenäht hat. Im Winter legte man sie in den Kachelofen, um als Heizkissen im Bett die Füsse zu wärmen.
Ein gutes Dessert entsteht aus den heute maschinell entsteinten Kirschen.

500 g entsteinte Kirschen, 2 altbackene Weggli,
50 g Zucker, 1 dl Rahm, 50 g Butter

Die Weggli in dünne Scheibchen schneiden und in
Butter hellbraun rösten. Kirschen dazugeben und
so lange mischen, bis ein saftiges Mus entsteht.
Mit Zucker bestreuen und lauwarm mit Schlagrahm
servieren.

Toggenburger Holderzune (St. Gallen)

Schön gereifte Holunderbeeren werden im Spät-
sommer von wild wachsenden Sträuchern in Dolden
geerntet. Ausser Konfitüre und Gelée wird ein feines
Dessert daraus gemacht, das kalt oder warm serviert
werden kann.

1 kg abgestreifte Holunderbeeren, 50 g Butter, 1 1/2
Esslöffel Mehl, 2 dl Rahm, 100 g Zucker, etwas Zimt

Das Mehl in der Butter leicht anrösten, mit Rahm
ablöschen und die Beeren mit dem Zucker beigeben.
Unter Rühren auf mässigem Feuer zu einem dicken
Mus verkochen. Mit Zimtzucker bestreut in Schalen
servieren.

Thurgauer Süssmostcrème

1/2 l Süssmost, 4 Eier, 100 g Zucker, abgeriebene Schale
von einer Zitrone

Eier und Zucker in einer Messing- oder glasierten
Emailpfanne gut verrühren. Den Süssmost zufügen

und so lange auf kleinem Feuer tüchtig schwingen, bis sich die Masse verdoppelt hat und schön schaumig ist. Heiss oder lauwarm servieren.

Der Kanton Wallis ist in zwei Sprachgebiete aufgeteilt: Das Oberwallis, deutschsprachig zwar, aber mit so vielen Dialekten durchsetzt, dass sie für andere Deutsch-Schweizer kaum verständlich sind, und das Unterwallis, das sich durch eine eigenwillige französische Sprache verständigt. Eines hat der Kanton aber gemeinsam, die bekannten Weine Fendant und Dôle sowie die grossen Früchte- und Gemüsekulturen. Williamsbirnen und Aprikosen, Tomaten und Spargeln sind die Haupternten.

Walliser Götterspeise

1 kg Aprikosen, 8 Stück Zwieback, Esslöffel Zucker, 2 Esslöffel Aprikosenliqueur, fertige Vanillesauce oder Schlagrahm

Die Aprikosen halbieren, entsteinen und mit Zucker und wenig Wasser zu Kompott kochen. Erkalten lassen! In Portionen-Schalen je 2 Zwieback mit dem Kompottsaft und Aprikosen-Likör gut befeuchten und mit den Aprikosen bedecken. Mit Vanillesauce oder Schlagrahm garnieren.

Meringues (Bern)

Überliefert wurde dieses Rezept durch einen Hotelier aus Meiringen, der vorwiegend ausländische Gäste beherbergte. Aus dem Sprachgemisch von Schweizern, Franzosen und Engländern ist das Wort „Meringues" entstanden. Im Kanton Bern werden die Meringues nach einer währschaften Mahlzeit aufgetischt, wer es weniger üppig mag, begnügt sich mit einem einfacheren Menü davor.

Meringueschalen: 3 Eiweiss, 150 g Zucker, 1 Messerspitze Salz

Die Eiweiss mit wenig Salz zu steifem Schnee schlagen. Die Schüssel sollte umgedreht werden können, ohne dass er ausfliesst. Nun den Zucker portionenweise einrühren bis die Eiweissmasse glatt und fest ist. Auf ein mit Butter und Mehl bestäubtes Blech mit dem Spritzsack oder mit zwei Esslöffeln längliche Häufchen setzen. Bei sehr schwacher Hitze 1 Stunde im Ofen backen lassen, die Backofentüre dabei ganz wenig öffnen. Die Meringues sollten schön trocken, aber auf keinen Fall braun werden. Im ausgeschalteten Ofen noch 10 Minuten stehen lassen, danach mit einem breiten Spachtel vom Blech lösen und auf einem Kuchengitter auskühlen.
3 dl Rahm, mit wenig Zucker gesüsst, steif schlagen. In einen Spritzsack füllen und zwischen je zwei Meringueschalen dressieren.

Eigene Rezep

& Notizen

REBELLO VALENTE ALLEN
OPORTO PORTO CO

QUINTO DU NOVAL
ALTO DUORO

Getränke und Eingemachtes

Chriesi in Kirsch (Zug)

500 g entstielte Chneller-Chriesi (grosse, knackige Kirschen), 100 g Zucker, 1 l Zuger Kirschwasser

Die Chriesi mit einer Stecknadel mehrmals einstechen. Mit Zucker vermischen und in ein grosses Einmachglas füllen. Etwa 2 – 3 Stunden stehen lassen, bis sich der Zucker gelöst hat, dann mit Kirschwasser begiessen. Gut verschlossen an einem dunkeln und kühlen Ort mindestens 3 Monate stehen lassen. Zum Servieren 2 – 3 Kirschen in ein Cocktailglas legen und mit dem aromatisierten Kirsch nach Belieben füllen.

Hypokras (Basel)

Dieser Festwein wird am Neujahrsmorgen ab 11 Uhr mit der Familie und Freunden in traditionsbewussten Basler Familien getrunken. Er wird anfangs Dezember angesetzt, muss von Zeit zu Zeit geschüttelt werden und entfaltet sein Aroma erst so richtig nach einem Monat.

2 l Marktgräfler Weisswein (wenn möglich), 1 l Roséwein, 2 l guter Rotwein, 300 g Zucker, 3 Zimtstengel, 20 Gewürznelken, 1 Stück Muskatnuss, 1 Stück Zitronenschale

Zucker und Wein zusammen kurz aufkochen und in eine grosse Korbflasche füllen. Die Gewürze in ein Säcklein binden und an einem langen Faden so in den Wein eintauchen lassen, dass es leicht wieder her-

ausgezogen werden kann. Die Flasche nun mit einem
passenden Korkzapfen verschliessen und an der
Wärme unter gelegentlichem Umschütteln ziehen
lassen. Serviert wird der Hypokras in Flaschen
abgefüllt.

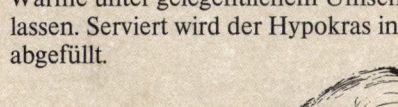

Johannisbeerlikör vom Kloster Fischingen (Thurgau)

3 kg schwarze Johannisbeeren werden in Cognac eingelegt und in einem irdenen Gefäss zugedeckt an einem nicht zu kühlen Ort für mindestens 6 Wochen zum Gären beiseite gestellt. Den entstandenen Saft vorsichtig ableeren und abmessen. Die gleiche Menge Rotwein mit 250 g Kandiszucker pro Liter, 3 Nelken und 2 Zimtstengeln 15 Minuten aufkochen. Absieben und erkalten lassen. Mit dem Fruchtsaft mischen, in Flaschen abfüllen, verkorken und kühl aufbewahren.

In der Westschweiz kennt man ein beliebtes Apéritif-Getränk, den „Blanc-Cassis". Wenig Johannisbeerlikör wird in ein Glas geschenkt und mit gekühltem Weisswein aufgefüllt.

Appenzeller Wacholderlatweeri

Im Appenzeller Land kann man noch Wacholderbeeren in den Wäldern pflücken. „S'isch gsond", sagen die Einheimischen zu einem Brotaufstrich, der daraus zubereitet wird.

500 g Wacholderbeeren, 2 1/2 l Wasser, 2 1/2 kg Zucker

Die Beeren mit Wasser aufsetzen und etwa 3 Stunden leicht kochen. Den Saft und die Beeren durch ein Sieb drücken und mit dem Zucker noch ca. 10 Minuten bei kleiner Hitze eindicken lassen.

Chilbisenf (Freiburg)

Dieser leicht pikante Brotaufstrich wird vorwiegend
während der Chilbizeit zubereitet und auf eine
Schnitte Safranbrot gestrichen. Er passt aber auch zu
Zopf oder Weggli.

*2 dl Weisswein, 250 g Kandiszucker, 1/2 l Wasser, 250 g
Bienenhonig, 1 Zimtstengel, 5 Nelken, 125 g Mehl,
1 gestrichener Esslöffel Senfpulver*

Den Weisswein mit dem Senfpulver verrühren und
einen Tag stehen lassen. Zucker, Wasser, Zimtstengel
und Nelken aufkochen und 15 Minuten ziehen lassen.
Die Gewürze entfernen. Den Honig im Wasserbad
schmelzen und mit dem gesiebten Wein und Wasser
aufkochen. Das Mehl dazurühren und bei kleiner
Hitze zu einer geschmeidigen, streichfesten Masse
einköcheln lassen. Nicht länger als 2 Wochen lagern.

Süss-saure Gurken (St. Gallen)

Zu dieser pikanten Beilage eignen sich nur Freiland-
oder Gartengurken. Sie passt zu Siedfleisch oder kalt
aufgeschnittenem Braten.

*1 kg geschälte und entkernte Gurken, 500 g Zucker, 4 dl
Weissweinessig, 2 Zimtstengel, 3 Nelken*

Die Gurken in Streifen wie Pommes-frites schneiden.
Essig, Zucker und Gewürze kurz aufkochen lassen,
dann die Flüssigkeit absieben und erneut wieder auf-
gekocht über die Gurken giessen. Am 3. Tag die

Gurken in der Marinade so lange kochen, bis sie schön gelb und speckig sind und der Saft sirupähnlich wird. In Einmachgläser füllen, gut verschliessen und kühl lagern.

Dörrbirnen in Rotwein (Solothurn)

200 g Dörrbirnen, 1 l guten Rotwein, 1 Zimtstengel, 3 Nelken, 100 g Zucker

Den Rotwein mit den Gewürzen und Zucker aufkochen und sofort über die gewaschenen Birnen giessen. Mindestens einen Tag stehen lassen, bis die Birnen schön aufgequollen sind. Mit der Rotweinmarinade servieren.

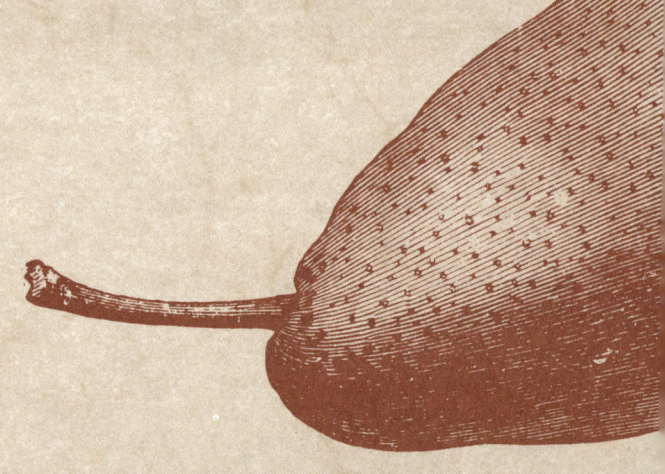

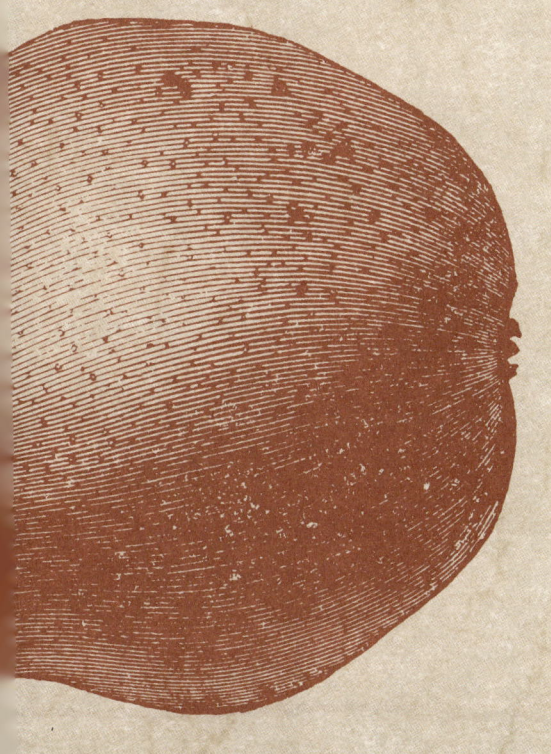

Eigene Reze

& Notizen

Inhaltsverzeichnis

Suppen

Bündner Gerstensuppe   10
Busecca   11
Basler Mehlsuppe   13
Fischsuppe   13
St. Galler Sammetsuppe   14

Eintopfgerichte

Lauch und Reis   20
Papet   21
Dörrbohnen mit Knöpfli   23
Schnitz und drunder   24
Risotto con funghi   25
Urner Häfelikabis   27
Nidwaldner Stunggis   27
Ofentori   28

Fischgerichte

Rötel nach Zuger Art   32
Omble chevalier   33
Bodenseefelchen nach Rorschacher Art   34
Altes Fyscherrezept   35
Poisson du Lac de Neuchâtel   36
Hecht nach Schaffhauser Art   36
Wiler Stockfisch   37
Eglifilets mit Mandeln   38

Käsegerichte

Walliser Käseschnitte   42
Emmentaler Käseschnitte   43
Malakoff   44
Käsetomaten nach Freiburger Art   45
Appenzeller Chäs Maggeronen   45
Greyerzer Nudelgratin   46
Ramequin   46
Omelette Jurassienne   47
Fondues   49

Fleischgerichte

Basler Lümmelibraten   60
Neuenburger Kutteln   61
Berner Platte   62
Züri-Gschnätzlets   63
Zürcher Ratsherrentopf   64
Bündner Beckibraten   65
Cognilio alla ticinese   66

Beilagen und Gemüse

Rösti   70
Polenta   70
Cholermues   71
Zigerchnöpfli   72
Suuri Sossengummeli   73

Inhaltsverzeichnis

Türggenribel   74
Maluns   75
Lattich nach Neuenburger Art   75
Karden mit Mark   76
Chifel, verdämpft   76
Baarer Räbemues   77
Walliser Spargeln   78

Fleischpasteten
und pikante Kleinigkeiten

Churer Fleischpastete   82
Schaffhauser Bölledünne   83
Käsekuchen   85
Böllewegge   85
Chügelipastete   87
Morchelschnitten   88
Schaffhauser Schüblingweggen   90

Süsse Kuchen und Gebäck

Aargauer Rüeblitorte   94
Glarner Pastete   94
Gâteau au vin cuit   96
Thurgauer Apfeltorte   96
Osterfladen   98
Klostertorte   99
Brunsli   100

Inhaltsverzeichnis

Schaffhauser Züngli 100
Strübli 102
Nusstorte 102

Desserts

Zabaione 108
Chriesi Prägel 108
Toggenburger Holderzune 109
Thurgauer Süssmostcrème 109
Walliser Götterspeise 110
Meringues 111

Getränke und Eingemachtes

Chriesi in Kirsch 116
Hypokras 116
Johannisbeerlikör 118
Wacholderlatweeri 118
Chilbisenf 119
Süss-saure Gurken 119
Dörrbirnen in Rotwein 120